超幸運になる7つの秘鍵

スピリチュアルを活用して最大吉を引き寄せる方法

スピ活研究会・著

はじめに

本書を手にとっていただきありがとうございます。

人はいつでも幸せや夢を叶えることに興味があるものです。しかし、時代によって、特色があるのも事実で『風の時代』と呼ばれる現代は今までとはどこか何かが違うと思われる皆さんも多いと思うのです。私どもも、きっと風の時代にピッタリで新しい非常に有効な開運方法もあるのではないかーと、そのように考えました。

そのような視点で、丸井章夫、谷口ミカ、旭奈優、川村麻梨子、はたけやまみき、金山富英、ＥｌｅｖｅｎＭＩＳＡＫＯの７名で本書『超幸運になる７つの秘鍵』を刊行することにしました。

著者の皆さんは私が日頃、お付き合いのある各方面の一流の先生ばかりで、その内容は様々な気付きを与えてくれるはずです。

本書を読まれて、それを実践することにより『スピリチュアルを活用して最大吉を引き寄せる方法』のサブタイトルの通りに、大いに最大の吉を引き寄せて頂ければ幸いです。

令和５年12月　スピ活研究会

目次

秘鍵1　量子波動数列コード（丸井章夫）・・・7
秘鍵2　かこよみ～過去世探索～（谷口ミカ）・23
秘鍵3　生まれた日が教えてくれる
あなたの人生の攻略法（旭奈　優）・・61
秘鍵4　人生を何度でも選び直してドンドン
楽しく生きる方法（川村麻梨子）・・・103

秘鍵5　風の時代の夢の叶え方
（はたけやま　みき）・・・129
秘鍵6　強運を呼び込む！パルキュアソロジー
（金山富英）・・・171
秘鍵7　光の存在たちのメッセージ
『自己信頼と成長の鍵』
（Eleven　MISAKO）・・・215

秘鍵1　量子波動数列コード

丸井章夫

開運法の最先端を行く量子波動数列コード

『7つの秘鍵』の一つ目の秘鍵は「量子波動数列コードを用いて開運する」という超絶に効果のある素晴らしい方法になります。

私は長年に渡って、夢を叶えるノート術を全国に広めてきた運命カウンセラーで、書籍では4万部『引き寄せノートのつくり方』（宝島社刊）や3万部の『幸運を引き寄せたいならノートの神さまにお願いしなさい』（すばる舎リンケージ刊）などの代表作などがあります。

今までは、夢を叶えるために引き寄せしやすい言葉を使って文章をノートに書くことを推奨してきました。もちろん、その効果は多くの読者の皆さんからお客様の声として沢山頂いており、大いに実感するものです。

時折、読者さんより文章だけでなく数字を書くことでその効果が倍増するというお話をもらうようになりました。

私は長年、エンジェルナンバーをノートに書くことを密かに行っていたので、その話に大変興味を持ったのです。

例えば、ノートにエンジェルナンバー８８８８と書くと私はなぜか非常にラッキーなことが連続して起きました。

８８８８のエンジェルナンバーとしての意味は仕事運や金運が急上昇するというもの。実はその数字を書いていると、背中がいつも温かくなるのでとても不思議に思っていました。

その読者さんもノートに８８８８と書いているという偶然の一致すなわちシンクロがありました。

その読者さんは私に８８８８が「神のご加護がある数字」という意味もあることを教えてくれたんですね。

神の加護がある数字だから、私の背中が温かくなるのか？と当時思ったものでした。

私は自分自身、手相鑑定以外にもリーディングを行ったりするためスピリチュアル的なことには非常に理解がありますが、基本的には具体的なエビデンス（証拠）を重視する立場をとっています。

それでその数字「８８８８」のエビデンスを探っていたところ、「神のご加護」という意味はロシアの天才医師グレゴリ・グラボヴォイ氏が生み出した数列８８８８の意味そのものであったのです。

このグレゴリ・グラボヴォイ氏は特定の数字の配列が、特定の事柄を「引き寄せる」としてグラボヴォイ数列を提唱しています。

その効果の著しいグラボヴォイ数列ですが、日本で誰もが知っているとはまだまだ言い難く、スピリチュアルに詳しい方が時折、ブログ等で言及している程度かと思います。

昨年（二〇二二年）に私が書籍等で隕石コーティングを一般に広めたように、この数列を用いた開運法もまた、是非、世の中に広まるべきと考えています。

その際に考えたことは、この開運効果の著しいグラボヴォイ数列を皆さんにより良い形でリリースしたいということです。

これはどういうことかというとグラボヴォイ氏はロシアで数列を開発していた為、活用する場所の経度緯度を考慮し、日本向けに創り直す必要がありました。

更に「個々人向け専用」に改良する必要がありました。いわゆる、万人に効く市販の薬より、医師に診察を受けた処方薬の方が効果があるようなイメージです。

その様々な改良点を加えたものがこの「量子波動数列コード」になります。

これを科学的に言うと、「量子エネルギー」「超微粒子エネルギー」と表現され、この振動するエネルギーを「波動」と呼びます。

世の中は、この「波動」で成り立っています。

この波動を見える化したものが「数列コード」であり、人々に大きな影響を与える改善エネルギーの核となります。

これらのエネルギーを共鳴させる数列により、万物を構成する要素の「氣」を動かし、目標達成を加速させるという改善術です。

私の周囲でもグラボヴォイ数列を書いたり、スマホの待ち受け画面に画像として使ったりすることにより開運している方がいらっしゃいます。

そこで読者の皆さんにも大いに開運効果が期待出来る数列をお伝えしましょう。

事業運を上げる　8　918　014915　6481

顧客を増やす　619　714　218　41

売上増強　318　798

家庭の調和を促進する　28555901

※実際は横書きで数列を表記します。

この数列を書くか印刷して自分が目に見えるところに張っておくだけで効果が出てきます。また、スマホの待ち受け画面に表示させることも大変効果があります。

それでは具体的な改善例をご紹介しましょう。

●女性癖の悪い彼氏がいるが、顔が好みの為、別れられない20代後半女性のケース（札幌市Ｈ・Ｍさん）

「執着を無くす」「悪縁を切る」「異性の好みが変わる」「女性フェロモン増強」「魅力アップ&若返り」「波長が合う人を引き寄せる」「ソウルメイトに出会う」という数列コードを使用。彼氏側の改善を試みる為に、「浮気防止」「恋人との調和」の数列も彼の見える所に飾ってと渡しました。

その後、２ヶ月ほどはそのまま付き合ってましたが、女性の方が男性に対して段々腹が立ってきて許せなくなってきたらしく、元々、話が合わない相手でつまらなく感じ始めた事と、一緒にいると疲れてくるようになったそうです。

そして、少し距離を置く事にしたらしく、空いた時間で、４人いた親友と飲みに行くようになったそうです。そして愚痴を聞いて貰っていたら、その一人が職場で最も気が合うという同僚男性を呼んでくれるようになり、意気投合！

程なく元彼とは別れ、今は幸せな人生が始まっているそうです。

●精神的に不安定な50代半ばの女性（東京都杉並区　N・Eさん）

いつも、自分は何か重い病気なのではないか・・・との恐怖心がある方でした。酷い咳が止まらなかったら、呼吸困難で倒れてしまうのではないか、というようなストレスを抱えていらっしゃいました。また、小さい頃のあるトラウマがあり、自分はまともな生活を送れないのではないかと思っていたそうです。

その方には「恐怖心を排除する」「呼吸器の問題を改善する」「トラウマ克服」「アレルギー全般の改善」「咳が治まる」を提供しました。

自ら色々試す面白い方で、枕の下に入れたり、書いたものを持ち歩いてよく眺めていたそうです。また、楽しみにしていたライブに行く前日も、咳が出てライブどころでなかったら・・・という心配で寝付きも悪くなったそうですが、エネルギーのある数列をもらったのだから大丈夫！と少し強気になれ、思い切って参加したらしいです。

「全く咳が出ず、２日間あったライブを思いっきり楽しめました♪

これは、数列のお陰だと実感しました！数列で、勇気も出たのかな。笑今は、毎日お気に入りの数列1つを決めて、朝一それを沢山書き、3食事毎に食材に数列のケチャップを書いて食べたりして、楽しんでます！ありがとうございました！！」という連絡を頂きました。

●酷い上がり性で、転職活動で悩んでいた20代男性（東京都新宿区K・Hさん）

「理想の仕事を見つける」「長所を伸ばし、短所を抑える」「緊張を緩和する」「プレゼン能力がアップする」「話し上手になる」「良縁引き寄せ」「頭の回転を早くする」「自分に有利に事を進めるようにする」を提供しました。

その結果、人気企業で、自分には無理だと考えていた高嶺の花のような企業に内定を頂いたのでした！

●病院嫌いの小1男の子をもつ母親20代半ばの女性（東京都府中市　Y・Tさん）

息子さんは、体が弱く月に一度は熱を出す状態が続いていました。幼少期の注射がトラウマになっているのか、いくら注射をしない先生を見つけたからと諭しても(本当に事前にお願いしていて、実際に注射の片鱗を見せないでくれている)泣いて嫌がるという状態でした。

そこで「生まれて9ヶ月～7歳までの、嫌な経験を癒やす」「小さな恐怖心を無くす」「学校が楽しくなる」「良い友達が増える」「自己治癒の強化（予防用）」「風邪予防」「嘔吐を抑える（緊急用）」「食欲が旺盛になる（緊急用）」を提供しました。

その後の感想は以下に掲載しますが、効果てきめんだったようです。

「病院嫌いの前に、毎日友達と沢山遊ぶようになって風邪を滅多にひかなくなり、(そこが）一番良かったと思ってます。

ひょっとしたら、学校がつまらなく登校拒否気味だったのかもです。子供は純粋なので、数列コードは効果的と言われた事を実感してます。早く風邪をひいて、病院行くか試したいな～。現金な母です笑」

●職場で人にどう思われているかが常に気になり、疲れてしまっていた40代前半女性

（神奈川県横浜市　Y・Uさん）

職場では、誰とも良好な関係だと思っているが、更に踏み込んで嫌われたくないと、仕事以外の距離を縮めた事はない。今更もういいやと、生活の為の仕事にしようと、諦めていたが、内心は、寂しいと。そこで、転職して全く新しい世界も視野に・・・という方でした。

そこで「職場の調和」「理想の仕事を見つける」「ユーモアのセンスを磨く」「聞き上手になる」「完璧主義の緩和」「価値観の合う人を引き寄せる」「小さな恐怖心を無くす」を提供。

「数列を持つようになってビックリしたのは、新部署が出来て、そのメンバーに選ばれた事。クセのある方が所属長になる事が分かった時は、もう辞めようと考えてました。転職が決まるまではと、大人しく仕事してましたが、当初はメンバー全員誤解していて、雰囲気は暗かったです。ただ、逆に同僚同士の結びつきが強くなり、ストレス発散の飲み会をしたり、共通の話題が出来て、楽しくなってました。その時、同僚から、大人しい人だと思っていたけど、天然で面白い人だったんだね、とも褒めてくれて。後日談ですが、上司も、無口で気難しいけど、不器用なだけで悪い人ではなかったと分かりました。数列が変えてくれた？笑。今は、職場にも友達が沢山出来て、充実してます。

私は、人を決めつけてしまうという悪い癖を持ち、どうやら狭い見方をしていたのかも知れません。気付きを教えてくれた数列！ありがとうございました！！」

「改善数列コード」は、波動測定器をお持ちの方の協力で測定し、量子波動エネルギーが実際に確認された、科学的立証がなされている優れたコードです。

しかし、全てに万能という訳ではなく、全く資質がない方が、いきなり総理大臣になれたり、芸能人になれたり、空を飛べるようになる、というものではありません。

改善例をあげるなら、「末期ガンが突然消えた」というパラレル移動したかのようなミラクルが起こる方もいれば、漢方のようにジワジワ効いてくるという方もいたり、人によって改善の歩みは様々です。絶対に無理だと考えている方が、どんなに熱田の神様に祈っても、周囲がいくら背中を押しても本人に動く意志がないなら前進しないのと一緒です。

これは、お客様の「氣」がどれだけ動いているかで差は開くと考えており、数列コード達も皆様の手腕に委ねるしかないと感じているはずです。

前述の改善結果を垣間見て、追い風が吹く事で願望成就が出来ると判断されたなら、ぜひ「改善数列コード」を活用頂き、どれだけ未来が光輝くのかとワクワクドキドキさせて、「もう大丈夫」なんだと思って欲しいと考えています。

その「氣」に数列パワーが乗り、必ずや思いもよらなかった素晴らしい開運に繋がることでしょう。

なお、10個以内の改善点に絞った後、4万を有に越えるグラボヴォイ数列やヒーリングコード他、膨大な数列データをベースに特殊な方法で相談者本人だけのオリジナル数列コードを創り出し、お客様にお渡ししています。ご関心のある方は次ページのサイトからお問い合わせて頂ければと思います。（現在は1万円でサービスを提供しております）

【著者紹介】 丸井 章夫

運命カウンセラー。作家。ノート研究家。手相家。

驚くほど開運時期、結婚時期が当たると評判の手相家でもあり福岡、名古屋に鑑定オフィスを持ち活動している。得意な占術は手相・紫微斗数・西洋占星術・アストロ風水。

幼少より人間の心理と精神世界に興味を持ち、小学生のころには心理学や哲学の本を読みあさるようになる。

その後、手相の知識を身につけてプロとしての仕事を始める。以来、30年以上にわたり、のべ4万人以上の鑑定数を誇る。

著書は現在、13冊を数え、4万部突破の『引き寄せノートのつくり方』(宝島社)3万部の『幸運を引き寄せたいならノートの神さまにお願いしなさい』(すばる舎リンケージ)。その他の著作は『金運を引き寄せたいならノートの神さまにお願いしなさい』(サンライズパブリッシング)、『運命のパートナーを引き寄せたいならノートの神さまにお願いしなさい』(すばる舎)、『手相で見抜く!成功する人 そうでもない人』(法研)、『100日で必ず強運がつかめるマップ アストロ風水開運法で恋愛・お金・健康・・・をGET！』（心交社）、『恋愛・結婚運がひと目でわかる手相の本』（ＰＨＰ研究所）、『成功と幸せを呼び込む手相力』（実業之日本社）、『あきらめ上手になると悩みは消える』（サンマーク出版）などがある。

近著に『超絶に願いが叶ったすごい神社』『神社の神さまに会えると幸せになれる』（上下巻）『なぜ隕石を塗ると強運になるのか？幸運を整える！隕石コーティング開運法』（共にマーキュリー出版）がある。また、多数の共著がある人気作家でもある。

対面セッションは以下の２ヶ所のほか、関西では新大阪でも行っている。また通信鑑定を積極的に行っておりＺＯＯＭ鑑定も人気を博している。

福岡オフィス　福岡市中央区大手門３-７-11　ＯＣＴ大手門705号室

名古屋オフィス　名古屋市中村区竹橋町28-5　シーズンコート名駅西603号室

（鑑定ＨＰ）

秘鍵２　かこよみ
～過去世探索～

谷口ミカ

「今世の自分」全てを自ら選んで生まれてきた

目を閉じて想い浮かべる自分、鏡に写る自分は、好きですか？


唐突に質問を始めましたが、まずは「かこよみ」（過去世探索）のことからお話しします。

何度となく繰り返された人生の記憶が魂に刻まれ、その記憶が今世に影響を与えているという考えを元にしたセラピーです。

過去世を読み解き、今世で起こっている問題や悩みの原因を知り、解放または書き換えを行う。というもの。もちろん自分を深く知るきっかけにもなっています。

過去世を読んで何故今の問題が解決するのかは、読み進めて行く内に「あ〜、なるほど！」と言っていただけたら嬉しいです。

過去世の話をするにあたり、そもそも過去世が有るのか無いのかという問題がありますが、それはあくまで個人の見解に任せるしか結論が出ないものでもあります。

しかし、ここでは「輪廻転生を信じ魂は続いている。」という視点で文章を綴っていきます。

ある時、たまたま過去世の話になり、ある人が自信満々に、

「過去世の事を意識している時間て無駄だと思う！　だって大切なのは今そして未来でしょ！」と言われたことがあります。

なるほど！　確かに過去世の不思議に酔いしれているだけだとしたら、かなり無駄な時間かもしれません。

あなたは、こんな悩みを聞いた事はないでしょうか？

「なぜ、転職しても転職しても嫌な上司がいつも居て悩まされるんだろう？」

「結婚して子供は二人いや三人かな、幸せになりたいのになぜ、いつも結婚まで進めないんだろう？」

「解っているのにいつもいつもダメ男が好きになるのは何故？」

「なんで、こんな親の所に生まれて来たの?」

「いつも頭に浮かぶ夢。凄く具体的でワクワクするのにどうして何時になっても現実にならないんだろう?」


また、こんな人生もあるのではないでしょうか?

「職場には良い人ばかりで本当に毎日が充実しているなぁ!」

「お互いを尊重し合えて家庭の未来像も似ている人生のパートナーと出会えて幸せ!」

「自分と同じ様に相手を思いやれる大切な相手に出会えて感謝しかない!」

「一番尊敬しているのは両親!」

「小さい頃からの夢が叶った。私が生きて行く道はこれだ!」


この二つのパターンは両極の人生ですが、なぜ人生や物事が思い通りにならないのでしょうか? 理由は何だろう?

努力？　忍耐？　生まれ持ったもの？　何かは解らないけど足りない物があるの？いや、きっと生まれ持った運命だから仕方がないよ！　と諦めているのかも知れません。


実は私もそう思って生きていました。

両親を恨み、容姿を恨み、家庭環境や、不出来な自分を恨んできました。いつも周りが気になり、自分には無いものを妬み、怒り、悲しんでいました。

何も取柄が無い！　生きている価値など無い！　とそう思い続けて、「一生不幸せのまま死んで行くんだろうな」と思っていました。


でも、心の奥底では自分が生きている証、意味をずっと探し続けていました。

少学校の頃、地区の子供会で聞いた「蜘蛛の糸」の物語を知った時、心の中に一筋の光が射しました。

「良いことが一つでも有れば地獄から助けられるんだ！　凄い凄い」って思いました。

今思うとどれだけ悪事を働いた過去世を持っていたの？と思うくらいだけど有罪が無罪になった程、感動しました。まだ小学生だというのに・・・。

その時の小さい自分や部屋の感じまで今でも思い出すことが出来ます。

そんな一筋の光が心に差し込んでから、迷走や絶望や小さな楽しみを味わいながら大人になりました。

きっと私にも一本の糸が降りて来ると信じて。

カラカラのスポンジの様な枯渇した心を埋めようと、資格を取ったり学ぶことを続けて行く内に、キネシオロジーと出会い過去世との出会いがやって来ました。


過去世を知ることは不思議なパンドラの箱を開けた様な、私にも何か特別な要素が潜んでいるのかも知れないと妙にワクワクしました。

自分はどうして今ここに生きているのか？

一番知りたかったことが少しづつ見え始めようとしていました。

過去世の教訓や傷を解放する為に何度も何度も負のパターンや問題と出会わせられていて、いよいよ、もういい加減に気づきなさい！　と言われているのです。

そして手放すベストなタイミングを教えてくれています。

カルマという言い方で過去世での行いを償おうとしていますが、本当は自分が自分とした約束で天罰ではありません。

魂はただ幸せになりたいだけ

過去世を知ることの意味は何かと聞かれたら、即座に自分自身のことを深く知ることが出来る最速の方法だと答えます。

なぜ？　どうして？　と自問自答している内に今世が終わってしまうかも知れません。

やろうと決めていることがあるのに手つかずで終わりを迎えてしまうのは、やるべき宿題を持ち越して魂の成長を先延ばしにしているだけです。

そう、宿題はいつかはやらないといけません。自分で約束しているのだから。

でも何度も何度も知らせてくる出来事に直面しても、自分がした約束を思い出せない事があります。

それはなぜかというと、過去世の体験がストップをかけていて邪魔をしてるのです。というより自分を守ろうとしているのです。

手放したい出来事を繰り返したくないし、もう思い出したくないのです。

でもその教訓を手放し、次のステップに行く約束をして今世生まれているなら、約束を守ろうと、魂は何度も何度も同じテーマで出来事を起こすのです。

私の所にセッションに来るお客様でも「もう今の自分は嫌です！　変わりたいんです。」と言われる方が多くいます。

けれど、根本的な原因に向きあう勇気がなかなか持てなくて、立ち止まってしまう場合があります。

それが駄目な事だと言うのではなく、知るべきことを受け取りやすい形で提示してあげることがとても重要だと思うのです。

行くべき道に向かえなかったり、今世やろうと決めたことに気づくことさえ出来ないことは残念なことです。

私は天国や地獄を行ったり来たりしている訳ではないので、確信をもって言えることはありません。

しかし、テーマや日々起こっている事の理由を見つける旅として過去世へと行ったなら、そこには思いがけない答えがあるかも知れない。

ただそれだけで良いのではないかと思います。

この人生で何をしたいのか魂は知っている

出会う人、出会う出来事。それには全て理由があって自我の成長の為に準備されています。

その事に気づかないままだと、人生に対して反感を覚えたり孤独感や自暴自棄になって、「どうせ私なんか…。」と考えてしまいます。

この世の中に価値の無い人間などいません。

みんな必ずやるべき事や、必ず役割を持って生まれています。

自分では価値など無いと思っているかも知れませんが、気づいて無いだけだと声を大にして言います。

かけがえのない世界でただ一人の最高の自分です！


私がなぜそこまで過去世に興味を持ち、10年近く関わってきたのか、きっかけや私自身の事も含め「かこよみ」（過去世探索）の体験談をお伝えしようと思います。

初めて過去世を知る体験をしたのは２０１３年頃。当時はただ不思議で楽しくて自分にはどんな過去世があったのかもっともっと知りたいと興味津々なだけでした。

その日の過去世リーディングのテーマは「犠牲」。それは当時のパートナーとの関係性からのテーマでした。

当時、私達はリラグゼーションサロンを開業し、同じスペースで仕事をしていました。でも日常の家事は私がやっていて(当時は私だけやっていると思い込んでいました)

「なぜ私ばっかり！　もうこの関係止めたいなー。」とまで思っていました。

その後、結婚という結果を得たのはその時のリーディングのお陰かも？　と思っています。

そんな有効なリーディングだったのに読んでもらったストーリーを全く覚えていません。

リーディングと書き換えを終え、変わったのか?変わってないのか?も微妙にわからず、京都から高知に4時間程かけて帰宅した日の記憶は曖昧ですが、それ以来、家事に対して全く嫌と思わなくなったのです。

「いやいや、ただそんな感じがするだけでしょ。そんな上手い話は無いでしょ！」と思っていました。それが二日三日と経っても嫌な気持ちが湧きません。

あれだけ、「嫌だなー。」と思っていたのに私の言動までも変わっていました。

「今日は疲れていて夕飯の準備がしんどいな〜。」という時は「外食して帰ろう。」と素直に言えるのです。彼も「いいよ。」とサラッと返してきます。

今思うと、どれだけ自分で自分を追いやっていたの？という感じですが、これはやっぱり過去世リーディングのおかげと納得するしかありませんでした。それ以来お互いが素直に言い合える関係になりました。今では言い過ぎくらいですが(笑)。

そんな体験から自分でも過去世を読み解く技術を習得し、それからは驚きと感動の日々が始りました。

そして、今現在も「かこよみ」(過去世探索)は、当時と変わらず全く色褪せず読む側も読まれる側も、涙あり笑いありの楽しいワクワクと感動に包まれています。

「過去」「現在」「未来」は今も同時に起こっているから変えられる

過去世リーディンクから「かこよみ」(過去世探索)へと形を変えました。リーダーの一方的な読み解きから、自分自身でも深く魂（潜在意識・ハイヤーセルフ）に繋がることができるワークを付け加えました。

「かこよみ」（過去世探索）は三通りの見方で行います。

◆①「今直面している問題や何度となく繰り返す負のパターンの原因や理由」を知る。
そして解放または書き換えをする。その後は問題や何度となく繰り返す負のパターンが、今世には影響しないという現実がやって来ます。

◆②「私の前世は何だろう？」また「最高に輝いていた過去世」を知る。
その場合、書き換えはしない場合が多い。ただ楽しむだけでも良い。

◆③「今の自分を応援してくれている「過去世の面々達」を知る。

これはエドガー・ケイシーを知ることにより、自分には今世の目的を果たす為に選ばれた過去世の面々達がいることを知りました。自分の使命に気づくと面々達が一斉に応援し始めます。

そして「縁と運」を運んで来てくれるというもの。

船が水の流れに自然と流される様にやるべき道へと流れて行くのです。ひとりに4～6人程で、私も自己リーディングにより4人の面々達を見つけました。

（この後、文章の中で登場します。）

そして事前にお伝えする一つとして、過去世を読んだ時、必ず人間とは限らない事があります。解りやすく伝える為なのですが、動物やイルカやカエルや電柱などもありました。

それでは、早速「かこよみ」（過去世探索）の体験談を紹介します。お楽しみ下さい。

◆①「今直面している問題や何度となく繰り返す負のパターンの原因や理由」の体験談

【自分には何かが足りないとずっと思っていた・Mさん】

テーマは「空っぽ」。

ずっと、「自分には何かが足りないと思う・・・。」と言っていたMさん。

何があれば埋まりますかと聞くと、「知識」「人と繋がること」「判断力」「感情が流されない」「自分で考えて動ける力」「予定が入ったら動く手段をさっと選べる」「共感する力」「ブレない自分」たくさん出てきました。

さあ「空っぽ」という意識が今世に影響している理由はどんなストーリーなのでしょうか？


【かこよみ】

過去世のMさんは大きな井戸を掘る職人でした。その技術は素晴らしく、仕事が終わる前から次の仕事が入るくらいの腕前でした。

しかし、Mさんは本当はこの仕事はそれ程好きではありませんでした。でも、終わる前から声がかかるので辞めることもできません。

来る日も来る日も黙々と仕事をしました。ただ望まれるまま働きました。

読み解きの最後には必ず臨終の時の言葉を聞きます。それはその人の一生を表しています。臨終の言葉は「もう、私を見つけないで下さい」でした。それを聞いたMさんの目から、涙がポロポロ流れました。

「そうなんです。今もいろんな人から声をかけてもらえて、誘われて用事がいっぱいになっていて本当にありがたい事だけど自分がいっぱいいっぱいで・・・。ほんとはもう私を放っておいて。と思ってるんです。」と、言いました。

【かこよみ・書き換えのトーリー】

同じく、大きな井戸を掘る職人です。いつもの様に素晴らしい大きな井戸を掘ります。掘って行くと、井戸の底から、じわじわと水が湧き出てきました。

少しづつ水が溜まり、水面ができました。その水面に夜空が写っています。清々しく綺麗な夜空です。時にはお月様も写りました。

幻想的で水面はキラキラと輝いて本当に素晴らしい情景でした。

過去世のMさんは決心しました。この情景が見える場所でだけ仕事をしようと。

どんなにお金を積まれても、どんなに偉い人に言われてもこの情景が見える場所でしか仕事はしないと。そう心に誓って井戸の底に夜空を見つけながら仕事を続けました。

そして臨終の日を迎えます。

臨終の言葉は「私だけが見る事の出来る世界(風景)を手にできた幸せな人生でした。」


今世に照らし合わせてみました。

過去世のMさんは、その美しい世界(風景)を誰かに見せようとは思いませんでした。

自分が見たい。という事が重要だと思ったからです。

他の誰かに見せたら、きっと「綺麗ね〜」と言って共感できたと思います。でも、その選択をしなかった。大切なのはまず自分が幸せを感じる。ということ。

そしてもう一つ。この情景が見える場所でだけ仕事をしようと決めたこと。

自分が素晴らしいと思える、人、場所、仲間、とだけ関わることを決める。予定や時間に振り回される事なく、素晴らしい時間を自分で選ぶ。ということでした。

Mさんの感想

予定を選別したい。とずっと思っていました。しかし、どういう線で引いたら良いか解らなかったので、自分が素晴らしいと思える！を基準にする。ということが解って安心したし、凄く納得しました。

「空っぽに対しては？」と聞くと、もう空っぽの感じがしなくなりました。あれ？なんでだろ。凄く気持ちが軽くなりました。

私の補足

最初の井戸に底は見えなかったけど、書き換えのストーリーには底が出てきました。だから、とめどなく埋めようとしていたのが止まったのかも知れませんね。

【いつも最後の詰めが甘いのはなぜ?を知りたい・Iさん】


家で洗い物をした後に、気にはなりつつも流しの水滴を拭くのが面倒でやらない。でも流しの近くを通る度、残っている水滴がいつも気になり嫌になります。じゃあ、やったら良いだけでしょ！って話だけどどうしても出来ないんです。

職場でも仕事を頼まれ、直ぐ取り掛かるものの、後ちょっとを残して止めてしまい、結局、上司にせかされて出す羽目になる。きっと仕事出来ない人と思われてるに違いない。それなのにいつもグズグズしてしまう。

最後のツメがどうしても出来ない。「なぜ出来ないの？」の理由が知りたいです！

早速その原因の過去世を見て見ましょう。


【かこよみ】


過去世の彼女は「毒を調合する人」でした。山の奥に住んでいて魔女の様な姿です。

日本にも昔は闇討ちとかあったように暗殺が横行している時代でした。気に入らない！出る杭は今のうちに！的な殺人が多かった様です。そんな時代にいました。

暗殺用の毒を作っているのですが彼女には秘密がありました。それは絶対に死ぬ毒を作らなかったのです。いや、作れなかったのです。

超強力な毒を作る為の最後の一滴を入れませんでした。

それはどうしてかというと良心のせいでした。殺人者になりたくなかったからです。だから、ばれない様に絶対死ぬ完璧な毒は作りませんでした。そんな事とは知らず、暗殺者も狙われた人も苦しんだようです・・・。

死ぬか死なないか解らない毒ですから。

買った人が訪ねて来て上手く行かなかったよ！と怒鳴りますが、「それは量が悪かったのだよ。」とか「相手が元気だったからだよ。」と言ってごまかしていました。

だから今世でもどうしても最後のツメ（完璧に終える）をすることが出来なかったのです。

【かこよみ・書き換えのストーリー】

変わらず「毒」を作っていました。そしてなんと完璧な毒を作っているのです。

一滴飲めば必ず死んでしまう強力な毒です。

私は過去世を読み解きながら「あれ？」と思いました。

書き換えのストーリーは書き換え前より良くなっている場合が多いのに、なぜ今更絶対死ぬ毒を作るのかな？と思いました。

その理由は先を読んで行く内に「なるほど〜」と納得しました！


彼女はその毒を渡す時に一緒に「解毒剤」を渡すのでした。

そうする事によって、殺すか殺さないかは暗殺者の責任に移るのです。

最後の一滴を入れないことで良心を保っていたつもりが、本当は「無責任」だったと気づきました。


暗殺者に「解毒剤」を渡す事で暗殺者自身も人を簡単に殺めていた事に気づく事になりました。

死と助けるという二つの選択を手にした事で本当にそうすべきかと考える様になりました。結果、暗殺は段々と減って行きました。

今世に置き換えてみると、洗い物も仕事の書類も「責任」「無責任」とどっち付かずだったと気づきました。

リーディングが終わって彼女と話していた時、面白い話を聞きました。

「実は家の冷蔵庫の中には(実験用)と書いたトレーがあるんです。ハーブとかが好きでよく色んな種類を自分で調合しているんです。」と。

まさに今現在も「調合している人」だったんですね。

そしてなんと！かこよみ以降「ツメが甘い」は不思議と改善されたそうです。家事や仕事も一連の流れとして自然に最後まで終えれる様になったそうです。素晴らしい！

このリーディングはとても記憶に残っているものでした。

書き換えのストーリーは私が作るのではなくて勝手に出て来るのですが、時々この素晴らしい脚本を書いている脚本家は誰なの？と思う程です。

自画自賛では無くて、これは読み解く方の過去世が作っているのですから！

読んだ過去世の記憶は無いはずなのに、「それは自分だ。」と皆さん言います。本当に不思議です。

②「私の前世は何だろう？」また「最高に輝いていた過去世」の体験談

【最高に輝いていた過去世・Yさん】

この「かこよみ」は書き換えはしない代わりにメッセージを深く受け取ります。この時は最初に「名前透視」をさせていただきました。

※「名前透視」は名前と生年月日を自筆で書いていただきます。その自筆からのエネルギーを読み取る鑑定です。その自筆からのメッセージは、「自分の可能性と発展性を信用する！周りの人から言われる事を信じて下さい。」というものでした。

過去世のYさんは、【美しい真珠】でした。

その真珠は白くて大きくてそれはそれは美しい真珠でした。

他の真珠と並んでも一番目を引きました。真珠を買いに来たお客様はすぐ魅入ります。そして口を揃えて「素敵ね〜」と言います。

しかし、購入するまでには至りません。それは高くてなかなか手が出せないからです。

美しいと言われた回数は他の真珠よりも一番多いのでした。しかし、ずっと売れずに残っています。この過去世からのメッセージは自分の視点と自分以外の視点です。必ず両極があります。どちらか片方の視点だけで捉えると、世界一美しい真珠がいつも売れ残る真珠になってしまいます。

自分のことになると「世界一美しい」というプラスは受け取り難く、「あ〜いつも売れ残っているわ」というマイナスな方が受け取り安い人は多いのです。

自分を過大評価しすぎるのは良くないですが、良い評価を受け取る事は大切なことです。名前からのエネルギーを読んだメッセージにもありますが、周りの良い評価を信じて、自分の価値をもっともっと信じて欲しいというメッセージです。

その世界一美しい真珠、または売れ残った真珠はどうなったと思いますか？

その美しさに見合う人に買われて行きました。そして光り輝き続けました。

この過去世のストーリーを自分流で味わってみて下さい。と伝えました。

「Yさんからの感想」

丁寧なリーディングありがとうございます。私、真珠やったんですね。

実は昔からパールが好きでパールが良く似合うと言われていました。妙に納得です笑。

素敵な物語をありがとうございます。自分を信じて美しい真珠だった時のように自分を輝かせていきたいです。自分に自信がなかったのですが自筆のメッセージもとても勇気付けられました。褒められた事を素直に受け止め可能性を信じて邁進していきます。ありがとうございました。

◆③「今の自分を応援してくれている「過去世の面々達」の体験談

「私の過去世の面々達・特に重要な二人のこと」谷口ミカ
私には総勢四人いるのですが、その中でも重要な二人を読み解き、書き換えのストーリーは一人だけをお伝えします。

一人は**西洋人の女性**で少し遠くに海が見える小高い丘の上に住んでいました。ブルーが大好きでいつもブルーの洋服や飾り物を身に付けていました。

彼女はとても新しい物や出来事が大好きで朝目覚める時に今日はどんなワクワクする出来事が起こるかな~?と想像します。そんな目覚めの時が一番好きでした。

彼女は妄想も大好きで未来を想像するのです。でも、彼女の未来はその想像通りにはなりませんでした。

その思いが今の私にも繋がってる様に思います。

二人目は、**筋骨隆々の黒人の男性**です。

山の石切り場で石を運ぶ仕事をしています。ものも言わず黙々と作業をこなします。

家には奥さんと二人の息子が居ました。「幸せを実感したい!」と結婚をしました。家族を養う責任という喜びが増え、家族と居ると寂しさも無くなりました。

しかし、何故か幸せだと感じられていませんでした。そして小さい世界に居る自分が嫌で仕方がありませんでした。自分を必要としてくれる自分の居場所が出来た。なんて幸せな事だろう・・・。そう思っているのにどこかに不満足な自分がいました。そんな自分が嫌でたまりませんでした。

目標を高くするのは良い事です。でもいつまで経っても満足しないのは、問題です。私の重要な過去世の二人は、今世の私にテーマを与えてくれました。書き換えのストーリーから見えて来るはずです。

【西洋人で、少し遠くに海が見える小高い丘の上に住んで居た私】

【かこよみ】

過去世の私は妄想が大好き！思い描いた未来を想像するのです。しかし、彼女の未来はその想像通りにはなりませんでした。その思いが今の私に繋がっています。

「未来を想像するけどでもその想像通りには成らなかった」がテーマです。

ワクワクする未来の先に「達成！」があるはずなのになぜか同じように「諦め」もある様に思っている。

だから、妄想は妄想で現実ではない。ただ妄想を楽しんでるだけの過去世を生きていました。

【かこよみ・書き換えのストーリー】

ある日、小高い丘をトコトコ下っていました。海から吹き上げる強い風を顔に感じながら歩いています。少しすると、老人の姿が見えました。道端に座っています。

ふと目が合う。老人は、私の姿を目で追います。私も何となく老人を見据えています。でも足は止める事なく丘を下って行きます。すれ違う瞬間に老人が「止まりなさい！」と声をかけて来ました。一瞬驚いて足が止まりました。かなり強引です！

どこに行くかと聞かれます。「いや、特に用事もなく、ただ丘を下っている。」と言うと、

「じゃあ私の用事を頼まれてくれないか。」と言って来ました。

「いいよ！」と答えます。老人は、私はこの家を若い頃に建てていましたが、もう年寄り

になってしまい、重たいものを上げたり力強くものを叩いたり出来なくなってしまった。

「だから時々、家の前を通る人に声をかけて手伝って貰っているんじゃ。

「後もうすぐで完成しそうじゃよ。」

手伝いながら私は、老人に何となく話します。「私もいろんな夢や希望を思い実現しようとするけれどいつも完成しない」と。

老人は言いました。私は、この家を一人で建て始めた。「死ぬまでには完成させたいな」とそう思いながら始めたよ。周りへの言い訳だったのかも知れない。始める時はさほど深く考えもせずにね。始めてから、思いのほか順調に進んで10年くらいで出来そうかと思っていたら木材が悪くて工事が進まなくなったり自分が病気になったり未だに完成しない。

でも、よく考えたら自分の希望通りなのじゃよ。「死ぬまでには完成させたい」と言ったからね。

あんたはその夢や希望は「いつ」完成させるつもりなのかい？私みたいに死ぬまでにかい？

もしその夢や希望が大きければ大きいほど一人では限界があるかも知れない。でも、わしの様に道端に座ってお願いをしたら誰かは手伝ってくれるもんさ。

それは本当にやりたい夢や希望かい？

わしは死ぬまでに完成した家には住むことが出来ないかも知れない。でもそれは自分が望んだ希望だったのだからね・・・。老人の苦笑いの顔が目に焼き付いた。過去世の私は老人の用事が終わると丘を駆け上がった。

私の妄想は今世どうしてもやりたい事だったはず。「死ぬまでには出来たらいいな」とか「いつかはこうなったらいいな」とはもう絶対に口には出さない！

「それは本当にやりたい夢や希望かい？」と老人の言葉が頭の中でぐるぐる回っている。

「そう！本当にやりたい事！自分に足りない力は誰かに借りてでも完成する」

書き換えのストーリーを読んで思ったことは、自由奔放で行動的な自分は妄想の無限さを恐れていました。慣れ親しんだ場所から飛び出すことは危険だとさえ思い込んでいました。

自分のやるべきことで行動しようとするなら何一つ恐れることありません。

そして一人で出来ないことは誰かの手を借りたら良いだけだと教えてもらいました。もう怖いことは無いのです。

この「かこよみ」の後、私の未来は現実化して行きました。


私が読み解く過去世は結構長いストーリーが出て来る時が多く、そして映画の様に鮮明でカラーで見えます。

細部まで伝えることも出来るけれど、重要な部分だけを伝える様にしています。

細部が知りたい時は質問して貰ったら全てお伝えするという感じで行います。


「あなたは世界でただ一人の素晴らしい存在です」

さあ、自分探索を始めましょう♪

それでは最後に、ご自身の過去世と出会う旅へとご一緒しましょう。

自分の中心(魂・ハイヤーセルフ何と捉えても良いです)を意識してみましょう。瞑想などになれていなくても大丈夫です。ただリラックスして想像するだけです。

それが上手く行くコツは自分を信じることです。

例えば自分を3歳だと思って下さい。3歳の自分は何に対しても疑問を感じません。そのままを受け入れます。そんな時がありましたね。素直に自分を信頼して下さい。

それでは、始めてみましょう。


ゆっくりと椅子に腰かけ大きく深呼吸をします。

足裏に意識を移動させ足裏から地球の中心へと地球の中心からまた足裏へ、そして体の中心の全てのチャクラを通り頭頂へと意識(エネルギー)を移動させます。

頭頂から宇宙（自分が意識している宇宙で大丈夫です。天の川銀河や真っ暗の宇宙のイメージで大丈夫です）へと広げ、そして自分の中心へと戻ります。

リラックスし準備が出来たらイメージを始めます。


目の前の地面に扉を見つけます。

その扉は地中へと繋がっています。

扉を開け階段を下りて行くと平らな場所があります。

そこは「現在」と「過去」を繋ぐ場所です。

そこは楽園とも言える様な青々とした草木、遠くにはたっぷりと水を湛えた湖があります。

鳥や蝶が舞い、清々しい風が吹いています。

気持ちも穏やかにリラックスしています。

そうしているうちに行きたい過去世の扉を開ける準備が出来ました。

行きたい過去世（幸せだった過去世・成功していた過去世・愛されていた過去世）をイメージすると扉が何個か現れてきます。

開けたい扉の取手に手をかけそっと開けます。

扉を開けるとまた階段があり、
ゆっくりと階段を平らな場所まで降りて行きます。

平らな場所に着いたら、そこが行きたい過去世の場所です。

周りを見回しどんな風景か見てみましょう。

形が見えなくても大丈夫です。感じてみましょう。

心の中で、知りたい事や質問を投げかけます。

「〇〇の問題・〇〇の悩みがあります。解決するヒントを教えて下さい」

「今世、気づくべき事を見せて下さい」

どんなことでも良いです。

3歳の時の様な素直なまま感じ取ってみましょう。

過去世の自分に出会ったり、見えた物すべてに必ずありがとうと言って帰って来て下さい。

階段を上り元の椅子まで戻って来ましょう。

そしてゆっくりと目を開けます。

初めは上手く行かないかも知れませんが、何度となくやっている内に感覚は掴めてきます。

上手になると共に自分を信じることがどんどん出来る様になります。

それは一番の幸せなことですね。

何もかも恨んで生きる価値などない！と思っていた自分が思いもよらぬきっかけで人生は大転換しました。

そして私は、大海原に光る灯台の様に、安全な航路へと導くことが使命となりました。

これを読んでいただいている目の前のあなたも大きな使命・役割があります。そのきっかけになれたら幸いです。


最後に、目を閉じて想い浮かべる自分、鏡に写る自分は好きですか？

★「かこよみ」何でも教えて！30分無料相談受付中★

【著者紹介】　谷口　ミカ

「かこよみ」～過去世探索～セラピスト／名前透視術
教育キネシオロジー・ブレインジムインストラクター

１９６４年　高知県生まれ。42歳で高知市に脳科学&スピリチュアルサロンしゅ～れをオープンしてから、心と身体のバランス調整セラピストとして長く人と関わって来ました。
２００８年　ソレンセン式神経反射療法セラピスト取得
２０１０年　教育キネシオロジー・ブレインジムインストラクターを取得し、学習障害・発達障害・鬱・ＡＤＨＤなど、幼児から大人まで心と身体のケアに関わって来ました。

寄り添い、共感し、元気づけていく中でどうしても解決できない部分に遭遇していました。
そんな時、エドガー・ケイシーを知り彼の人生や療法に触れ転生の不思議議は、「未来を生きる

為に、過去世を知る必要ある」そう理解しました。

過去世を読み解くことを含めスピリチュアルと融合したセラピーの必要性を感じ、「かこよみ」が誕生しました。

高知・大阪・東京など全国の様々な場所に出没し「かこよみ」の体験会や、「かこよみセラピスト養成講座」を開催しています。

様々な方の「なぜ？」を解き明かす活動を精力的に行っています。

【連絡先・公式サイト】
高知市高須３丁目１の４３の２７　吉田ビル１階中

秘鍵3
生まれた日が教えてくれる
あなたの人生の攻略法

旭奈　優

誰でも一度は、自分について、また人生について考えたことがあるはずです。

「自分の強みってなんだろう」「私にも使命ってあるのかな」「これからどう生きていけばいいんだろう」


今、SNSの普及とともに、発信用に作り上げられた「私」を見る機会が増えました。キラキラと輝かしい投稿を目にする機会も多く、「私もあんな風になりたい！」と思う人も少なくないでしょう。

そう思って、ビジネスセミナーや自己啓発セミナーなど、参加した経験がある方もいるのではないでしょうか。

SNSでも「〇〇で稼ぐ方法」や「〇〇で成功するための秘訣」など、セミナー勧誘ページが後を立ちません。そしてこの先もまだまだなくなる気配もありません。

そこにどんどんお金を注ぎ込み、いろんな人が成功したノウハウを学び続ける、いわゆる「セミナージプシー」の方々を、今までたくさん見てきました。そう、ジプシーなので終わりのない旅を続けている方たちです。

なぜ終わりのない旅なのか。

だって、そこで渡されるのは「誰かの地図」だから。あなたの目指すゴールには辿り着けないんです。

誰かが成功したやり方は、あなたには使えません。元々の性質も違えば、持っている能力も違うから。そもそも、それを頑張って得た未来は、本当にあなたの目指すべきゴールなのでしょうか。

じゃあ、私の目指すゴールって？それが分かるとしたら知りたいですよね。

そして、そのゴールに辿りつけるための地図も欲しいですよね。


それが、あなたの生まれた日に刻まれているとしたら？？

四柱推命との出会い

元々の職業は芸術系です。占いとは縁もゆかりもありません。スピ的要素を感じたこともありませんし、今も特に何の不思議能力もありません。

ただ、人間の心理などには興味があり、哲学を学びつつ人物画を描いたりする活動などをしていました。

とにかく人に興味はあったんでしょうね。その後、なぜか四柱推命にハマります。

人の本質など、生まれながらに持つ性質は生年月日によりおおよそ決まっているというものが、本当なのか確かめてみたかったんだと思います。

幼い頃から数字を覚えることが得意で、小・中・高校時代からの友達や、社会人になってからの同僚、過去お付き合いした方など、ほとんどの人の誕生日を覚えていたので全員調べまくりました。

さらにちょうどフェイスブックなどもほとんどの知り合いが登録していたというのも助かりました。

最近でこそみなさん慣れてきて「非公開設定」なるものを多用してますが、フェイスブックって実名でやるもの！みたいな入口だったので、最初は入力項目全てにちゃんと記載してる人が多かったんです。

だからいろんな人の生年月日を簡単に知ることができたんです。

「突然ですが占ってもいいですか」ならぬ「勝手にですが占ってましたよ」です笑。

毎日毎日、いろんな人を（勝手に）占っていけばいくほど、「何これー！」の連続でした。

なぜかって、生年月日から導き出される結果が、私の知る彼らそのものだったからです。そして自分自身も、人生でのどん底時期や結婚した年など、過去のすべてがドンピシャだったんです。もう、見ればみるほど鳥肌モノでした。

そうなるとおもしろすぎて、人の生年月日が知りたくてウズウズしてくるんです。テレビを見ていて出てくる芸能人はすぐにウィキペディアで生年月日を調べたり、会う人会う人に「私、四柱推命できるから生年月日教えて！」と頼まれてもないのに勝手に鑑定してました。

その度に、「すごい！そのまんま！」「当たってる！！」と言われ、どんどん四柱推命の沼にハマっていきます。

その頃には四柱推命の凄さをもっとたくさんの人に知ってもらいたい！という気持ちも芽生え始めていました。

そうやっていろんな人を見ていると、あることに気づいたんです。

「うまくいってる人って、四柱推命に書かれた通りに歩んでる！」

人には持って生まれた性質や強み、使命があります。さらに人生には運気のリズムがあります。

自分の性質や強みなどをうまく使いつつ、運気のリズムにしっかり乗っている人は、すごく人生を楽しんでいるし、本当の意味で輝いているんです。

だから誰かの真似ではなく、自分の強みを知り、運気のリズムを掴んでそれに乗りさえすれば、間違いなく輝けるし自分の人生を自分らしく歩める。

たくさんの人を見ればみるほど、そう確信していました。


そんな時にある知り合いに「四柱推命を教えてほしい」と言われました。

彼女は元々、占い系の仕事をされていたのですが、彼女がやっていたものは四柱推命よりももっとライトなものだったので、より深く知るためにはやはり占いの帝王と呼ばれる四柱推命を学ばなければ・・・と常々思っていたそうです。


でも、独学では難しいということで私にお願いしてきたんですが、その時の私の返事はこうでした。

「教えるのは全然構わないけれど、仕事で使うならもっと見た目を変えたほうがいいんじゃないかな。」

四柱推命から色相推命学へ

四柱推命は中国から伝わってきたものなので、表の中に意味不明な漢字がたくさん並んでいます。一般人が見ても解読不可能です。イメージすら湧きません。

もちろん勉強した鑑定師から伝えてもらうので、その時は「すごい！」ってなるのですが、日にちが経つと見返してももう分からないんです。だってよく分からない漢字の羅列だから。「それって意味なくない？」って思ってたんです。

せっかく私たちの人生の地図なるものがあるのに、それを解読できるのが特定の勉強した人たちだけだなんて！

さらに言えば、私は元々芸術系の仕事をしてたということもあり、見た目のこだわりが人よりも強かったんです。

	時柱	日柱	月柱	年柱
天干地支	壬辰	辛巳	戊午	癸丑
蔵干	乙	庚	丙	癸
通変星	傷官		印綬	食神
通変星	偏財	劫財	正官	食神
十二運	墓	死	病	養

※四柱推命の命式例

ですので漢字ばかりの難しい見た目に、「コレじゃない感」みたいなものがありました。

だから、この素晴らしい四柱推命をより直感的にわかりやすく、日常で使えるものにすれば、もっとたくさんの人が「自分の人生を生きる」ことができると思ったんです。

そこで先ほどの知り合いに「もっと見た目をイメージしやすいものに変えたほうがいいと思うんだよね。例えば色とか・・・」

なんとなくで言った言葉ではありますが、それが私がこの色相推命学を作るキッカケとなります。

その時私は、他の活動をいろいろしていたので、四柱推命は完全に自分で楽しむためのものでした。これを仕事にしようなど、全く考えてもいませんでした。

このキッカケがなければ、色相推命学を作ることもなかったでしょうし、協会を立ち上げ本格的に活動することもなかったと思います。

ましてや、こうやって本を出版するために私が執筆しているだなんて！人生って何が起こるか分からないものですね。

思いつきのように「見た目を変えたほうがいい」とは言いましたが、なんとなくイメージはありました。

四柱推命の中には「死」や「病」など、なんとなくネガティブなイメージを持ってしまう漢字も人によっては出てきます。

言葉は私たちが普段使うものなので、どうしても元々の意味に引っ張られ、優劣を感じてしまいやすいんです。

先ほど書いた「死」や「病」も四柱推命では私たちがイメージするものとは別の意味を表すのですが、「死」とか書かれちゃうとどうしても「なんか良くないんじゃないの？」と思ってしまいますよね。


色は自分の仕事の関係で、色彩心理学の勉強などもしていたため、少し知識がありました。

私たちは色に対する共通の認識を持っています。

例えば赤は情熱やエネルギーや闘争心、青は冷静さやクールさや落ち着きのようなものを感じませんか？

青を見て「とても情熱的な色だ！やる気がみなぎってくる！」と思う人はほぼいませんよね。

レンジャーシリーズはそれをうまく使っていて、だいたいエネルギッシュなリーダーは赤レンジャー、クールで落ち着きのある青レンジャー、ユーモアがありムードメーカーの黄レンジャーと、ほぼ性格も決まってます。

それは色彩心理学が表す色の持つ心理的要素とピッタリなんです。

ゴリゴリのリーダーをやってる黄レンジャーって見たことないですよね。色って見た目に違いがパッと見て分かるし、イメージも湧きやすい。

先ほど書いたように、言葉では元々の意味に引っ張られてしまいますが、色は人によって好き嫌いはあれど優劣はない。

それはある意味、人を表すようなものだと感じていました。


好き嫌いはあっても、優劣はない。ただそれぞれの個性を表しているだけ。


そこで、四柱推命が表すものと、同じ要素を持つ色を結びつけ新しい形に作り変えることにしました。

こう決まってからの私は、もう何かに取り憑かれたかのように、どの色が一番ふさわしいか、どのような形にすれば何も分からない人でも伝わりやすいかを考えまくる日々でした。

新しく作り変える上で見た目以外にこだわったことがもうひとつあります。

分かりやすくはしても、簡単にはしないこと。

実は、四柱推命は20万通り以上の結果が出ると言われています。驚異的な数字ですよね。

だからこそ、ひとりひとり違う結果となり、それが占いの帝王とまで言われる所以です。

世の中にある占いは、この四柱推命をベースに作っているものは多いですが、ほとんどが簡略化されています。

一部分だけを取り出し、その呼び方を変え作り変えているので、だいたい６通りや12通りなどのものになっているものが多いのです。

私がこの四柱推命の素晴らしさに感動したのは、一人ひとり違って同じ結果になる人がほぼいないというところです。

だからこの20万通りは崩さず、四柱推命の要素をそのまま残しつつ、より感覚的に分かりやすいものにする。

これが私が一番こだわったところです。

そしてついに色を使った四柱推命「色相推命学」が誕生しました。

作り始めて、3ヶ月ほどで全ての表記方法を作っただけでなく、教えるためのテキストまで全て完成させました。

どれほど取り憑かれていたかが何となくおわかりいただけるでしょ？

仕事にするつもりもなかったのに、なぜそれほどまで一心不乱に取り組んだのか、それは今でも分かりません。


結果として、色相推命学はどんどん広がっていき、気がついたら協会を立ち上げるまでになっていたのです。

自分を知り、自分らしく生きる人を増やす

「自分を知り、自分らしく生きる人を増やす」

これは私が運営する日本色相推命学会の理念です。


最初に書いたように、あまりにも他人の生き方をそのまま望むがゆえに、結果的にうまくいかずジプシー化してしまう人が多くなる現状を、色相推命学を使うことによ

って、自分らしさを取り戻してほしいという思いで掲げました。

この色相推命学でわかることは本当にたくさんあります。人は当然ですが、ひと言では語れません。

たくさんの要素が複雑に絡み合い、ひとりの人格を作っています。

自分の中に矛盾した要素もあり、積極的な部分と消極的な部分があったり、明るい部分もあれば暗い部分もあったりします。その複雑ないろんな要素がどのような場面で出てきやすく、どんな風に考えやすいのか。

まずは自分で自分の取り扱い説明書をちゃんと知っておくことが大事です。

ロールプレイングゲームをする時、どうやって進めますか？

エネルギーレベルも少なく、何の武器を持っているかも知らずにラスボス相手に突撃したりしないですよね。

自分のキャラクター、エネルギーレベル、所持品（武器）、その使い方。それらを確認した上で地図を見ながらゴール目指して進んでいくはずです。

人生はリアルで自分が主人公のロールプレイングゲームのようなものです。

ゲームと違うところは、キャラクターの変更が出来ないことと、ゲームオーバーになった時にもう一度最初からスタートすることはできません。

そう考えると過酷すぎる旅ですね。一度限りの大冒険！だからこそ面白くもあるのですが。

たくさんの人を見た時に感じた「うまくいってる人って、四柱推命に書かれた通りに歩んでる！」。

これって結局、自分をちゃんと知っていたからこそ、うまく人生が進んでるということなんですよね。なんだ、それだけのことだったのか・・・。

さて、そろそろ自分の取り扱い説明書、見てみたくなってきましたよね？

自分のキャラクターを知る

これから人生の旅に出るために、まず一番知っておくべきことは「キャラクター」です。

ゲームを始める時も一番最初に選びますよね？

どのキャラクターにしようかなって。

色相推命学では、このキャラクターに当たるものを、陰陽五行で表現しています。

陰陽五行とは、何千年も前に中国で作られた自然哲学で、「万物は五行から成り立つ」という考えです。

万物とは、世の中全てのもの、そして五行とは木・火・土・金・水です。

形あるものだけでなく、形のない時間や空間、方角、季節などありとあらゆるものに五行が存在すると考えられていました。

そしてその五行が循環し、世界が成り立っているという考えです。そこに陰陽が結びつき陰陽五行説が作られます。

私たち人間も、自然界の一部なので当然この五行のどれかに属しています。

「成長していく木」「燃えさかる火」「土台を固める土」「変化し形を変える金」「流れていく水」。たったこれだけでも何となくキャラクターの違いが見えてきませんか？

陰陽五行なので、それぞれ陰と陽が存在します。

ただ、陽の木と陰の木ってどんな風に違うの？ってなりますよね。

そこで、色相推命学ではこれらを全て自然界のもので表現しました。そうすると何となく違いがイメージできるのではないでしょうか。

まずは自分の五行が何なのか調べてみましょう。

自分の生年月日と性別を入力し、鑑定するのボタンを押すとあなたの五行タイプが出てきます。

次にパーソナリティカラーを確認のボタンを押すとあなたのパーソナリティカラーが出てきます。

「木」樹木タイプ・・・曲がったことが嫌い、頑固、上昇志向型、努力家、環境に流されやすい、長期の目標を持つことが得意、リーダーシップ性はあるがなろうとはしない、一度折れると立ち直るのに時間がかかる。

「木」草花タイプ・・・柔軟性が高い、人に合わせるのが得意、物腰は柔らかいが意外と芯は強い、美的感覚に優れている、綺麗なものが好き、人に流されやすい、折れやすいが立ち直りは早い、オシャレ

「火」太陽タイプ・・・根が明るく裏表がない、カリスマ性がある、自分が中心で

いたい、好奇心旺盛だが飽き性、判断力や度胸もある、単純でわかりやすい、子供っぽいところがある、好き嫌いがハッキリしている

「火」月タイプ・・・本音はなかなか見せない、ミステリアスな雰囲気がある、相手を見抜く力がある、穏やかだが好き嫌いは意外と激しい、人を輝かせることで才能を発揮する、色気がある

「土」山タイプ・・・安定感や存在感がある、頑固で納得しないと動かない、カリスマ性がある、親分肌姉御肌、気前がいい、人の話を聞いてない、面倒見が良く人付き合いもうまい

「土」大地タイプ・・・育てる育むがキーワード、面倒見がいい、義理人情に厚い、感情を表に出すのが苦手、コツコツと粘り強さがある、努力家、安全思考、愛情深い

「金」鉄タイプ・・・何事もスピード命、白黒ハッキリ、曖昧なことは嫌う、攻撃的なところがある、長期目標は向かない、試練が多い、結果がすぐに出るものだとやる気が出る

「金」宝石タイプ・・・磨く発掘するがキーワード、追求型、美的感覚に優れている、我慢強い、芸術的才能、磨けば光る才能を隠し持っている、繊細、周りを気にしすぎる

「水」海タイプ・・・社交的、柔軟性が高い、大らか、クリエイティブ性が高い、流れが大事、新しいことを生み出す、穏やかだがキレると手がつけられない、海外に縁がある

「水」雨タイプ・・・人を浄化する、聞き上手、人に必要とされたい思いが強い、本心はあまり見せない、慎重派、カウンセラーやセラピストに向いている、努力家、サポート型

キャラクターのアイテム変更

ゲームでは進んでいく場所によってアイテムを変更したり、またはキャラクターを変えその時に応じた対応をするでしょう。

リアルでの私たちも、ずっと同じキャラではいないはずです。

仕事ではバリバリ結果を出す営業マンなのに、恋愛になると奥手だったり。子供の頃はジャイアンタイプだったのに、大人になると超真面目だったり。人はベースのキャラクターの上に、使うアイテムをちょっとずつ変更しながら「キャラ変」しています。この「キャラ変」を色相推命学では「パーソナリティカラー」で表現しています。パーソナリティカラーは本質・表面・前世と3色出てきます。

本質は、あなたのメインとなる性質です。プライベートや恋愛で見せる性質を表しています。表面は、あなたが外で見せている性質です。仕事や社会で見せる性質を表しています。前世は、あなたのご先祖さまや前世から受け継いできた性質です。幼少期や学生時代などで見せる性質を表しています。

色には性質があり、色彩心理学と結び付けているため、色に対して持つイメージそのままなのですが、色相推命学は「何も知らない人にもより直感的に分かりやすく」にこだわって作っているため、それぞれの色の特徴を表すキャラクターもいます。

自分がどの場面でどのキャラクターになっているのか、またはなりやすいのか、ぜひ、ご自分のパーソナリティカラーを確認しながら見てみてください。

気まぐれオレンジ

オレンジさんは明るく可愛がられるタイプではありますが、人見知りで人間関係を築くのが苦手です。キャラクターも可愛い感じなのにプイっと横を向いていますよね。あと気分屋でもあります。

好奇心旺盛でとにかくいろんなことがしたい！というエネルギーを持っていますが、あまり長続きはしません。でもそれでいいんです！とにかくオレンジさんはいろんな経験をするために生まれてきたんですから。

ひとつのことを追求するタイプではなく、あれもこれものタイプなので、仕事もいくつも掛け持ちしたり、職を変えたりしがちですが、それもオレンジさんの持ち味なんです！だって器用なんだもの。何でもそれなりに出来てしまうので、「はい、次～」ってなっちゃうんですよね！

愛されイエロー

イエローさんはもう説明するまでもないんじゃないでしょうか。見てください。この天真爛漫さを！とにかく無邪気で周りに愛されるムードメーカータイプ。別名「赤ちゃんの星」と呼ばれるだけあって、周りの人がついお世話したくなる雰囲気を持っています。失敗してもなぜか許されてしまう空気感があり、私はイエローのことを「お得ちゃん」と呼んでるくらいの愛されカラーです。

ただ人気者ではありますが、リーダーシップ性はありません。だって赤ちゃんだから。マイペースに物事を進め、周りを巻き込んでいきますが、詰めは甘いので結局誰かがサポートすることに・・・。

でもそれでいいんです。周りに甘えてナンボなのがイエローさんの特権です！

優等生ライム

ライムさんは別名「長男長女の星」と呼ばれる、しっかり者です。実際に長男長女で生まれたり、長男長女の役割をする方に多く現れるカラーになります。優等生タイプで、気配り上手。よく人からの相談をされるような頼れるお姉さんという感じです。

仕事もテキパキこなし、センスも抜群。もう言うことありませんね。

一家にひとりはいてほしい！ライムさん！

ただ、周りを優先するあまり、自分は甘えるのが苦手。本当は甘えたいのに「私がしっかりしなきゃ」といつも頑張っているんです。

周りにいたらとっても助かるライムさんですが、実は無理して頑張っているんですよね。

ライムさん、たまには肩の力を抜いて誰かに甘えてみましょう！

さすらいターコイズ

ターコイズさんは自由を追い求めるさすらい人です。

どこか哀愁漂う雰囲気ですが、とても感性豊かでクリエイティブな感覚の持ち主。

束縛や指図を最も嫌うので、ターコイズさん相手に束縛するとどこかへ消えてしまうので気をつけて！

オシャレで独特の感性を持っているので、センスを活かす仕事などがいいですね。

お堅い仕事は向いてません。とにかく「自由」がキーワード。

海外はターコイズさんにとってオススメの場所。元々好奇心も旺盛ですし、海外に行くことで刺激を受け、さらにターコイズさんの個性が強まります。

ただ感受性の強さから、気分の浮き沈みが激しいので要注意です。

でも、モテちゃうんだよなぁ・・・。

おしゃれピンク

ピンクさんは華やかでプライドが高く、とても目を引く存在です。

別名「女王様の星」と呼ばれていて、人から指図されることを嫌います。

負けず嫌いで努力家ではありますがその努力は人に見せません。とにかくスマートさがモットー。


攻撃的なところがあり、つい余計なひと言を言ってしまうのが玉にキズ。

良くも悪くも目立つので敵を作りやすい傾向があるんですよね。

ただ性格はカラッとしていて、あまり細かいことにクヨクヨしないのがいいところ。


エネルギーも高く経営者向き。女性であれば、その華やかさを活かして女性を対象とした仕事が向いています。女性も男性もカッコよく生きたいタイプなので、見た目もオシャレでスマートな方が多いですね。

生真面目グリーン

グリーンさんはとにかく真面目で努力家です。

見るからに仕事ができるエリートビジネスマンといった感じでしょ？

目標を決めたら達成するまで粘り強く頑張るところは、12カラーの中でもダントツです。

あまり理想は抱かず、現実主義。とにかくコツコツと結果が出るまで努力を続けます。

ただ真面目すぎるあまり、臨機応変さに欠けるところも。でも、しっかり結果を出すので、周りからの信頼は絶大。特に目上の人から好かれます。

グリーンも経営者カラーのひとつです。ただ、グリーンの場合は上から指図されたくないという理由ではなく、目標を決めるとやり遂げる強さがあるので、経営者としても十分やっていけるパワーを持っていると言うことです。

パワフルレッド

見てください、この堂々とした立ち姿！レッドさんのパワフルさがひと目で伝わってきますよね。レッドはカラー１番のリーダータイプ。とにかくパワーがあり、自信に満ち溢れています。

別名「王様の星」と呼ばれるだけあって、存在感やカリスマ性などどれをとってもナンバーワン。

ただ、ワンマンになりがちなところもあるので気をつけて。レッドさんにとっては普通に言った言葉でも、相手には圧を感じさせてしまう場合も・・・。

男性は亭主関白タイプになりやすいけれど、とても頼り甲斐があり愛情深い人。

女性もかかあ天下になりやすいけれど、面倒見が良く姉御肌なタイプです。

仕事でももちろんリーダーシップを発揮する経営者タイプ。バリバリと仕事をこなしていけるでしょう。

控えめブルー

冷静で落ち着きのあるブルーさんは、別名「長老の星」と呼ばれています。古風で派手なものは好まず、古き良きものを大事にします。目立つことは苦手で、二番手を好みますが実は能力は高いんです。先を読むことにも長けていて、影のリーダーとして力を発揮します。

消極的で内向的なので、恋愛は奥手。自分からアプローチはあまりしません。

恋愛での相手の好みも古風なタイプを好み、礼儀などきちんとした方を選ぶ傾向があります。

何てったって長老ですから。

平和主義で争いごとは好まず、穏やかなタイプです。

夢見るラベンダー

このふんわりと優しい雰囲気を見てもらえればわかると思いますが、ラベンダーさんは癒し系。

優しくて穏やかなので、争いごとは苦手です。

いつも空想妄想の世界にどっぷり浸り、自分の世界を楽しんでいます。

だから発想力は抜群で、誰も思いつかないようなアイデアがどんどん溢れてきます。

音楽や芸術にも向いていて、自分の世界を表現するとラベンダーの良さが発揮できますよ。

恋愛ではロマンチスト。

夢みがちなところもあり、結構面食い。

だっていつも映画の主人公のような恋愛を夢見てるんですもの！

仕事はお堅い職業でなく、クリエイティブな方がラベンダーさんにはピッタリです。

エスパーパープル

なんでしょう、この魔女のようないで立ちは！そう、パープルさんには不思議な力があるんです。

別名「霊感の星」と呼ばれるパープルさんは、とにかく直感力が優れています。パープルさん相手に嘘は禁物。一瞬で見抜かれてしまいます。

そんな直感力、洞察力に優れたパープルさんは、これまためちゃくちゃストイック。何でそんなに追い込むの？って聞きたくなるほど、ストイックに突き詰めます。

若干ネガティブなところもありますが、そのネガティブさも原動力にしてるんです。なので私はパープルさんのことを「ドＭ」と呼んでいます。

そして見た目は穏やかそうですが、実は激しい一面も。

なんだかミステリアスですよね。

こだわりブラウン

ブラウンさんの魅力は何と言ってもこだわりの強さ！マニアックなんですよ、とにかく。

好きなことをとことん追求するオタク気質を持っています。なのでコレクターが多いのもブラウンさん。

たくさんの人とワイワイする場所はあまり好まず、自分一人の時間をこよなく愛します。

ブラウンさんが何かに没頭していたら、話しかけずそっとしておきましょう。

一人時間はブラウンさんの充電時間ですから。

あと、ブラウンさんは墓守の役割を持つ人が多く、ご先祖様に愛されています。

お墓参りをすると開運に繋がります。

神社仏閣などに行くのもオススメですよ。

奇人ホワイト

すみません。いきなり奇人変人扱いしてしまって・・・。でも、これ褒め言葉なんです！

ホワイトさんはとにかく天才的才能に満ち溢れています。ただ、普通じゃないんです。何もかも。

過去や常識など何にも縛られていないので、周囲の人からは「変わってる」と言われることが多いでしょう。

安心してください。褒めてます！

人とは違う感覚がホワイトさんの最大の魅力なんです。

だからこそ、普通の仕事は向いていません。ルーティンワークなどもっての外です。

とにかくクリエイティブな仕事や、自由に動けるフリーランスな仕事など、ホワイトさんの感性を邪魔せず発揮できる職場がいいですね。

エネルギーレベルを確認する

キャラクターもアイテムもバッチリ分かりました。さぁ、旅に出かけよう！と行きたいところですが、まだまだです。あなたのエネルギーレベルは満タンですか？

途中でどんな敵が襲ってくるかもしれないのです。エネルギーが不足していては、険しい旅は乗り越えられません。

強い敵がやってくると分かっていたら、エネルギーレベルは十分なのか確認しますよね？

リアルでの世界もそうなんです。大きな挑戦をするときにはエネルギーが不足しているとうまくいかないんです。

だからこそ、自分の運気の流れを知り、その流れに沿った動きをすることが大切なんです。

色相推命学では、毎年の運気の流れやその年のテーマ、起こりやすいことなど、一年ごとに分かります。

これはきちんと勉強した鑑定師のみ細かく導き出すことができますが、一般の方にもひとつだけ覚えておいてほしいことがあります。

無料の鑑定ツールのパーソナリティカラーが出るページで、パーソナリティカラーの文字の下に子丑空亡や寅卯空亡など、〇〇空亡と書かれたところがあります。

この空亡というのは、天冲殺や大殺界と呼ばれるもので、人生の低迷期を表しています。

「エネルギーが足りないですよ！気をつけて！」の年になります。

子丑空亡の人は、子年丑年が低迷期、寅卯空亡の人は寅年卯年が低迷期というように、空亡の前に書かれている干支が空亡する年と言うことです。

これは一生変わらないので、自分の低迷期は何年なのか知っておくといいですね。

そして、その低迷期に大きなことをしないこと。結婚、転職、起業、家を建てることや引越しなど、大きく環境を変えることは控えましょう。

なぜなら低迷期はパワー不足。大きな転機にはパワーが必要ですが、それがなくなっている時期なので、うまく物事が進まないのです。

人生にも四季があります。春は種を蒔き、夏に花を咲かせ、秋に実を収穫し、冬は次の春に備え畑を耕す。

12年の周期でこれを巡っています。

低迷期は人生の冬にあたります。冬は種を蒔いても芽が出ないんです。だから新たなチャレンジには向いていません。


では、人生の冬にあたる低迷期は何もせず過ごすのか。

いいえ、冬に出来ることはあります。春に種まきをするための準備をするのです。

春になってすぐにスタートが切れるよう、チャレンジに必要な資格を取ったり、家を建てようと思うのならば土地探しやハウスメーカー探しなど、いろんな情報を蓄える時期として過ごしましょう。

そして、冬が明け春を迎えたら、一気にエンジン全開で加速していきましょう。


このように自分の空亡を知っておくこと、運気の流れを知っておくことは、人生をうまくいかせるためにとても重要なことなんです。

自分のエネルギーレベルも知らずにいろいろ動いてしまうのは、地図も持たずに冒険に出かけるようなもの。

そう考えると、無謀な旅を続けてきたんです。これからは、準備万端にして人生の旅を楽しみましょう！

色相推命学では、今まで説明してきたものの他に、自分の持って生まれた能力（武器）、使命（目標）、一生を通じての大きな転機や流れ（地図）など、人生の旅に出る前に知っておきたい全てのことが分かります。

「知っている」ということは、どんな分野においても強力な武器になるのです。

色相推命学の活用法

これまで、自分というものをあらゆる角度から見てきましたが、最後は「で、どうすればいいの？」というところだと思います。使い方も重要なポイントです。

色相推命学で出てきた結果が、何となく自分でもそうだと思っていた所だとか、気づいたらそういう動きをしていたという「感覚で出来てしまう人」は存在します。

ゲームの取説を読まずに、どんどん感覚で進めていける人です。

ただ、世の中そんな人ばかりではありません。そこで色相推命学の最も簡単な使い方をご紹介します。

それは「自分のカラーを使うこと」です。

もちろん自分の能力（武器）を活かすとか、運気に乗るというのもあります。

でも一番簡単に取り入れられるのは色を使う、ただコレだけです。

そしてポイントは自分の中にある「もっとこのカラーの要素をより強めたい」と思う色を取り入れることです。

すでに周りからも周知されてる要素や、自分でそんなところあるなと思う部分はすでにうまく使えている要素です。

でも、自分でもそんな要素あると思わなかった、そんなところがあるならもっとそれを発揮したいと思う要素のカラーがあればそれを使えばいいのです。

一番いいのは「着ること」です。

突然ですが、薬を飲むことを服用するといったり、飲み薬は内服薬や頓服など「服」という字が使われていますが、不思議じゃないですか？

実は「薬」と「服」には密接な関係があるんです。

服用の語源は、中国の古書「書経」にあると言われていて、そこには「草根木皮は小薬なり。鍼灸は中薬なり。飲食、衣服は大薬なり。身を修め心治める、これ薬源なり」と書かれています。

小薬は草根木皮（漢方薬）のことです。中薬は鍼や灸のことです。大薬は飲んだり食べたり服を着ることです。

えっ？服を着ることって薬なの？

もしそうだとしても、大中小の順番逆じゃない？と思いますよね。

元々は、薬草などを衣服のように体にまとい邪気を防ぐというところから、病を癒す術として認識されていたようです。

漢方薬を飲んだり、鍼や灸をすることよりも、服を着ることの方が大薬とされてたなんてビックリですよね。

実際に体に近接させることで、握力だけでなく平衡感覚や関節可動域などにおいて変化が見られるということはオーリングテスト(手の指の力による代替医療の診断法)においても認知されているそうです。

他にも服には「したがう」という意味もあります。

服用からも分かるように、私たちは服の成分・性質からもその要素を取り込んでいるのです。

色にはそれぞれ性質があるということは、ここまで読んでいただいてお分かりだと思います。

ですから、その色の服を着るということは、その性質を体に取り込むということにも繋がります。

「ちょっと待って！　俺、ピンクだからピンクの服を毎日着るとか林家ペーになってしまうやん！」

そうです。思い切って林家ペーさんになりましょう！・・・とは言いません。笑
できるだけ身につけるものの一部に取り入れるか、日常よく使うものにその色をプラスして欲しいのです。

スマホケースのカバーを変えるとか、手帳のカバーを変えるとか、ペンを変えるとか・・・。

そうやって少しずつ日常に自分の色を取り入れて、うまく使いこなしていきましょう。

もうこれで完璧です。

自分のキャラクター、エネルギーレベル、所持品（武器）、その使い方、そして地図。

全てのものを確認できたので、ここからは迷いなく自分の人生の旅を突き進んでいきましょう。

途中で道に迷うこともあるかもしれません。
とんでもなく強い敵に遭遇することもあるかもしれません。
でも大丈夫。あなたはすでに、すべてのものを知っているからです。

「気づきは変化への第一歩」

この色相推命学で、あなたの新たな道が開けることを願っています。

【著者紹介】旭奈優（あさひな・ゆう）

１９７４年、福岡県生まれ。

ヤマハ音楽教室講師やフラワーアレンジメント講師を経て、フラワーアレンジメントと女性画を融合させた「フローラル・ポートレイト」という独自のアート制作をするようになる。

人物画の創作活動の中で、人間に対する深い理解をするため哲学や四柱推命などを学ぶ。四柱推命の面白さにハマると同時に、漢字ばかり出てくる四柱推命を、より直感的に分かりやすく誰でも仕事や人生に取り入れられるようにしたいと思い立ち、色彩心理学を取り入れた新たな表現方法を確立し、「色相推命学」として体系化する。

２０１９年、日本色相推命学会を設立。全国で人物鑑定や鑑定師、講師の育成のため定期的に講座をスタート。

２０２０年、誰でも気軽に生年月日を入力すると色相推命学の結果が出てくるようになる鑑定システムを開発。

お笑い芸人ナイツの「ヒット商品会議室」の番組に出演し、出演者であるナイツのお二人やその他出演者の鑑定を行う。

２０２１年、色相推命学で商標登録取得。
色の特徴をより分かりやすくするため、12色のキャラクターが登場。
目で見て楽しめるキャラクターや五行などの「シキスイカード」発売。

２０２２年、講座を段階ごとに分け、認定資格講座として新たに講座をスタート。
シキスイキャラクターを使った「ＬＩＮＥスタンプ」リリース。
自分の毎日の運気が分かる「シキスイ開運手帳２０２３」を発売。

２０２３年、子育てに特化した「12カラー別　子育て講座」スタート。
キッズキャラクター登場。占い業界初のＳＮＳ【ＳＹＮＡＰシナップ】をリリース。

自分の性質が分かるだけでなく、他の登録者との相性がわかったり、毎日の運勢や自分に対するメッセージも出てくるという画期的なシステムを開発。その後もシキスイクイズで色相推命学の知識が学べたり、毎日の運勢で出てくる星の数がポイントとして貯まっていくようにするなど、今後も改善を加えながら「より面白いものを」と進化中。

自分の毎日の運気が分かる「シキスイ開運手帳２０２４」を発売開始。

【日本色相推命学会】　福岡県福岡市中央区春吉１－14－21－323

【色相推命学ＨＰ】

【鑑定ツール】

【ＬＩＮＥ公式アカウント】

秘鍵4
人生を何度でも選び直してドンドン楽しく生きる方法
川村麻梨子

私は京都で築約百年の実家を改装して古民家カフェ「卯ｓａｇｉの一歩」を営んでいる川村麻梨子と申します。

いつまでもあると思うな、チャンスと命。（笑）

私の信念は「自分の一度きりの人生を楽しく生ききる」、「夢は生きているうちに叶える」です。

今ではそんな思いですが10代のころは何のために生まれてきたのか、長生きなんてしなくていい、とダラダラ生きてきました。20代、30代のころは人生苦戦。人のことばかりに振り回されているような生き方でした。苦しかった。逃げ場がなかったしなんとか進むしかなかった。そんな日々でした。でも苦しい日々を送ってきたおかげでこのままでは嫌だと、こんな人生のままで死ぬのはいやだと思ったのです。

そしてそれが自分を見つめ直すチャンスとなりました。

夢を描いていたことを思い出し、勇気を振り絞り夢に向かって一歩を踏み出す

夢は叶えたけど苦しい日々が続く
不眠症、難聴、体が動かなくなる、急な吐き気等々体の不調が現われる
見えない世界があること、潜在意識というものがあるということを知る
今の現実は自分の思い込み、潜在意識によって起きているということを体感する
現在は思い込みに気づき全て書き直していくことでドンドン夢を加速して叶えることができる・・・そんなお話です。

私はバツ2で3人の子持ち、今ではもうすぐ9人目の孫が生まれ楽しいおばあちゃん（おばあちゃんとは思ってない、笑）となりました。一度目の結婚は19才。17才で出会い何となくこの人と付き合うのはやばい・・・と感じたのに、惹かれて付き合いだしました。その頃スマホもポケベルもない時代だから連絡は家の電話や公衆電話からだけ。

どんな理由だったか忘れたけれど自宅の電話番号は教えてもらえず連絡先は相手が勤める会社だけでした。付き合いだして1年くらいで自宅に知らない男性から電話がありました。彼の奥さんの父親と名乗る男性。あなたのせいでうちの娘は離婚するこ

とになりました、と。

全く考えたこともなかったけど既婚者だったのです。

その後、私たちは結婚し第一子を出産、そして年子で第二子を出産。

第二子を出産したあくる日、あなたの旦那さんと付き合っている女性の父親と名乗る男性から病院に電話がかかってきました。

その男性は、娘はあなたが昨日出産されたお子さんを引き取って二人で育てるといっていますがご存じですか？と言われました。もちろん知りませんでした。今度は又別の人と不倫していたのです。

産後であり、小さい年子の面倒を見ながらのとても苦しい日々を送っていましたが反対されてもおかしくない結婚を許してくれた両親に対する思いがあったので泣き言が言えませんでした。

そしてなんとか幸せになるように努力しました。が、やはり何度も裏切られたという思いから二度と信用することができず24歳で二人の子を連れて離婚しました。

ただ、この経験により10代のころは全て何かあれば親のせいにしていましたが、自分で選んだ結婚がこのような形になってしまったことから全ての原因は自分にあるという考え方に変わっていました。

もう二度と結婚はこりごり、と思っていたのに、31才でこの人なら正反対そうだし大丈夫かもと思い再婚。そして3人目を出産しました。すると今度は入院中に借金があったことが発覚。

退院してから私のすべての貯金をサラ金に返済しました。頼まれてもいないのに。そしてその後も2度3度。手持ちがなくなり、離婚しなさいという母に泣きついてその当時気の遠くなるような金額を母から借り、サラ金に返済。

今後は1円でも借金したら即離婚と決め立て直そうと頑張りました。が、1万円に手を出したのを知り離婚しました。

そして3人の子持ちのシングルマザーに。離婚してからは母に借りたお金を返すために朝から晩まで仕事を掛け持ちして働きました。

一番下の子が中学に上がるころ私も少し落ち着いてきました。ある朝ふと「このままでいいの？これで一生終わっても悔いはない？」というメッセージが頭をよぎったのです。
これが自分を振り返るチャンスとなったのです。
元々10代で結婚したのは両親から離れたかったから。離れたいけど一人で生きていく力も勇気もなく結婚に逃げたのだということに気が付きました。
そして借金を返済していくために働いていた仕事だったけど、そのおかげでいつか自分の店を持ちたいと思ったことを思い出しました。

店を持つなんて初めてのことで不安だけしかなかったのですが「やって後悔、やらずに後悔　あなたはどちらを選びますか」という自身への問いかけに私はやって後悔を選びました。

屋号は、うさぎ年生まれの私が一歩を踏み出した、これからも一歩一歩歩んで行きたいという思いから卯ｓａｇｉの一歩と名付けました。

３年くらいは自信がなくて告知もしなかったからということもありますが、売り上げもあまりなく、隣でため息ばかりついている母の目を気にしながら暮らしていました。

この頃はよく頭痛がしていたので痛み止めを飲み、少し疲れたと感じると栄養ドリンクを飲んで気を紛らわしていました。

日に日にその数が増えていき、気が付けば一日5本の栄養ドリンクを飲まずにはいられなくなっていました。

そしてさらにカラダに不調がではじめました。夜、眠りについても20分くらいで目が覚め眠れなくなる。耳も聞こえにくくなり、歩くと胃が痛む。急な吐き気に襲われることもある。

でも病院で検査をしても異常なしとのこと。今考えるとどれだけ無知だったのかと笑えますが、私は健康で丈夫だから寝なくてもいいいんだなんて思っていました。（笑）

体調不良の原因はその頃出会った整体師さんよりオーリングテスト（筋肉反射テスト）で診断していただきストレスから来ているものと、人を見ていて急に吐き気がするということもあったのですが、それは人の念を受けてのことなど見えない世界についても知るきっかけになりました。

カラダは辛かったのですがこの間やっぱり開業しなければよかったやめておいたほうがよかったと思ったことは一度もありませんでした。


3年を過ぎたころからテレビ、雑誌や新聞などでご紹介いただいたり、皆様が投稿してくださるSNSなどの投稿を見たお客様が日本からだけではなく海外からも来てくださるようになってお店も安定してきました。


このころ、たまたまSNSで「潜在意識をリーディングされる方がいる」という投稿を見つけました。

好奇心の強い私はその言葉に興味を持ち、潜在意識の意味もわからないますぐにその方に会いに行きました。

会ってすぐ、自己紹介をしてくださいと言われ、京都で古民家カフェをやっているカワムラマリコです。今後もっとお店をカフェ以外にも活用できるようにしていきたいと思っています」と挨拶すると「あなたは口ではそう言われてますが、実際は働きたくないし、友達やお客様に来てほしくないって思ってますよ」と言われました。

いやいやそれはないだろうー。こんなに頑張っているのに？お客様に来てほしくない？

そんな訳はない！この方に実際私の店を見ていただこう！そうしたらきっと私がもっとやっていきたいと思っているということを少しでも理解してもらえるんじゃないか、私はそう思い、お願いしてお店に来ていただくことにしました。そしてその後、私の店で定期的に数名集まってのグループリーディングを開いていただきました。

ある日、グループリーディングを受けていると店の電話が鳴りました。もちろん私にも聞こえていましたが出ようとしないので、みんなから電話かかってきてるよ？出ないの？と言われ、思わず知ってるわ、聞こえてるし（笑）、もう、お客さんの電話しつこいのよねー！って言ってしまったのです。

（お客様、ごめんなさい。その頃の私は本気で疲れていたのです。）

みんなに笑われ、初めてこれが私の本心なのだ、これが潜在意識なのか、と気が付きました。

頭で考えている（顕在意識）と無意識（潜在意識）は違うんだ。
潜在意識を知る事、そして書き換えていくことが夢や願いをかなえるためには必要なこと。

店を開業して3年くらいは思うようにいかずストレスを感じていましたがこれも今思えば幼少より、母から「あなたは人と同じ努力だけでは人並みのことはできないから人の何倍も努力しなさい、そうすればなんでも人並みにできるようになるから。そして人生はそんなに甘いものじゃないよ。」というようなことをよく言われていたので、（顕在意識＝頭）では早くに成功したいと願っているはずなのに、もっと深い潜在意識の中に幼少のころに刷り込まれた勝手な思い込み＝人生はそんなに甘いもんじゃないから簡単に成功はしない、人の何倍も努力しないとダメ、があったことに気が付きました。

また、リーディングを受けているとある日、ふと亡くなった父が夢に出てきて「私はあなた（父）の思うような人生は送らない」とココロ（潜在意識）に刻んだことも思い出されました。

父の思うような人生とはありふれてはいるだろうけれどお金にも困らないし、穏便に過ごせる人生であったのでしょう。そうならないと自分で決めてしまった以上、何度結婚しても幸せにはならなかったのです。

このことに気づいてまもなくSNSの投稿で、東京公開ミディアムシッティング（亡くなった方からのメッセージを皆さんの前で伝えてもらう）という集まりがあることを知りました。

その頃は特に興味はなかったのですが、そこにたまたまSNS上でよく見かける方が「参加します」とのコメントをされたのを見てその方を見てみたいという好奇心だけで参加することにしました。

会場には25名ほどの参加者さんが集まられていました。

霊能者さんの前に亡くなった方が次々と来られるというものでした。
ただ2時間という都合上、強いメッセージを持った方から順番に伝えていただけるというもので亡くなられた方、10名ほどの方のメッセージが伝えられました。

当然私に誰かが会いに来てくれるなんて考えてもいなかったのですがなんと10名中3名が私のところにメッセージを伝えに来てくれたのでした。

1人目は45年ほど前に亡くなった父方の祖母
2人目は15年ほど前に亡くなった母方の祖母
3人目は30年ほど前に亡くなった父でした。

メッセージは三人三様な伝え方でしたが、中身はみんな同じ。
早くやりたいと思っていることをやりなさい。というものでした。
たまたま好奇心で来てみた、つもりだったのですがそれはたまたまではなくご先祖様のメッセージを伝えるためにSNSを使って導いていただいたと今は確信しています。

やりたいことをやりなさいと言われてもすぐにはピンとこなかったのですが、そういえば店のトイレはひとつしかなく不便であったのでなんとか増やせないかと業者さんに相談していたことを思い出しました。

「トイレを増やすことですか？」と霊能者さんに聞くと、「そんなちょっとやそっとではあかん、建物古いんやろ？丸ごとやれって言ってはるよ。お母さん、足痛いって言ってはるんやろ？段差をなくしてあげとも言ってはる。」等々、ほかにも私も忘れていたような話まで色々伝えていただきました。

京都に戻り間なしにいつもより大きな地震と台風があり、ご近所でもかなり被害にあわれてる方がいらっしゃいました。

丸ごとやれ、早くやれの意味は、こういう事だったのかと改めて驚きましたが、結果、改築工事が終わった半年後にはコロナが流行りだしました。そういうことだったのかと、改めて思いました。

また、父からのメッセージの最後には「嫌な思いさせてすまんかったな」って謝ってはるよ。と伝えていただきました。

これは私が父の思い通りにはならない＝幸せにはならない、と決めていたことからのメッセージだと思っています。見えない世界も魂も確実にあるんだ。

こういう経験はあなただから起こるんと違う？とか、そんな思い切ったことはあなただからできるんやで。私には無理。私にはそんな運はないわ、等と言われることもあります。全く同じ経験はしないとしても、出来ないことはない。


出来ないと決めているのはご自身なんですよね。


そして私は好奇心が強いので、やりたいと思ったことはあまり他のことは考えず実行しようとする。それが次につながっていくのだと思えました。

工事が進みだしたとき、予定していた金額よりさらにお金が必要になってきました。

私の条件での融資はこれが限度と言われていたのですが、なんとか増額していただかなくてはこれから先には進めないし妥協した工事で終わらせたくないと思いました。また、5ヶ月という工事期間中、スピリチュアルなことをもっと知りたいし学びたいし、今後この改装された2階を使って広めていきたいとも思いました。

工務店の方が金額が増額したことについては、私から融資担当者に話してみましょうかともおっしゃってくださいましたが、私の想いがしっかりしていてそれが伝えられないようでは今後やっていけないだろうからと思ったのです。

絶対スピリチュアルな話なんて銀行員さんには通用しないだろうという私の思い込みを全く興味を持ってない方にもスピリチュアルなことを広めること、場所が必要となっていくこと、に書き替え（思い込みをやめイメージを変える）融資の窓口で「今後、多くの方はスピリチュアルなセッションが必要になっていきますし、そんな場所を作りたいし私ももっと学びたいと思っています。そのためにはさらにこの金額が必要なんです。」と自分でもびっくりするぐらい堂々と話しました（笑）

担当の方はスピリチュアルって何ですか？って聞かれましたが、それと同時にただひとこと分かりましたといってあっさり増額していただけました。

これには言った私のほうがビックリ！

この話は母に伝えるときも同じでした。当然「またそんな金額借りてもあんたに返せるんか？何に使うの？」等きっと反対されるだろうと考えただけで嫌な気持ちになっていたのですがこんな年になっても、まだ母の顔色をみている。そして、幼少のころから言われてきたからだけど、絶対否定されると思い込んでいるということに気が付きました。

言われるだろう、という思いで伝えたら、そうなるんだ。今迄も思い込んで話していたからそうなってきたのだ。

まずは自分の考えを思い込みだったと改め、増額にはなるけれどこの追加工事はそれ以上にあの（店）実家にとって素晴らしいこと、必要なこととイメージを書き換えてから母に伝えました。

すると、「あ、そうなん。」とただそれだけでした。思い込みを気づく方法なんですが、怖いとか怒りとかさみしいという感情が出てきたときにそれは何に対して怖いのか、寂しいのか、いらだつのかを細かく見ていくことだと思っています。

ご自身で分からないときは占いと呼ばれるセッション等を受けると何かしら気づき

のヒントが得られると思います。

私も今までに色々受けさせていただきました。占いといえば自分で決められないから占いに依存するというイメージを持たれている方もいらっしゃるようですが、占いでみていただいても、アドバイスしていただいても決めて実行するのはご本人。

結果が出るか出ないかはやはりご本人次第だと思っていて、私は占いを人生の天気予報のように参考にさせていただいています。

人生で一番初めに出会った衝撃の占い師さんは名前と生年月日からその方の性格や過去、そして未来を見られる方でした。

私が2度の離婚をしたので心配してくれた叔母がその占い師さんのところに連れて行ってくれたのです。

2番目の旦那さんの名前を見せてと言われ書くと、目の前でその紙を机の上にたたきつけられました。イライラする！！と。

普通はそんなことしないのでしょうが、私には分かってもらえてよかった、という思いしかありませんでした。

そして私の過去もズバズバ言い当てられ、そんなことが分かるんだったらもっと早く聞けばよかったとも思いました。聞いててもその頃は忠告を聞かなかっただろうなとは思っていますが。


初めて見ていただいてから数年後、ふとしたことでまた思い出し鑑定していただきました。深刻な悩みがあったわけではありません。ただ前回の時に太りだしたら又来なさいと言われていたことを思い出したのです。


鑑定しながら「何しに来た？何も悩みないやろ？」と言われました。

そう、仕事とか恋愛とか家庭とか、その頃は楽しく暮らしていたので何もそういう悩みはなかったのです。

はい、以前に「太りだしたら来なさい」って言われたので。と少し、もじもじしながら答えると「それはなあ、食べ過ぎで太った場合の話やないんや、ストレスで太り出した時のことや。」

恥ずかしさで、そうなんですねとさっさと帰ろうとしたとき、「いや、ちょっとまって。3年後に働かなくなって家族に迷惑をかけるぞ」と言われました。

「それはないと思いますよ、今迄仕事はやめたことないので」と答えると　「じゃあ、はっきりいうよ、病気になる。うん、癌やな」と言われました。

私は何の根拠もないのですが、以前から38歳か48歳で癌になるかもしれない、という思いがどこかにあって、38歳は無事だったので48歳という年齢は少し気にしていたのです。3年後といえば48歳。

「え？やっぱり？あたってる？で、どうしたらいいんですか」という私に名前の字を変えなさいとアドバイスいただき改名していただきました。

この時もふと先生のことを思い出して行ってみたという行動がそういう結果になったと思っています。

常はポジティブな私ですが、なぜかわからないけど涙が出るというような体験もありました。

それは娘が、子供ができた、産みたいと真剣に話して来たときのことでした。

「まだいいやん、「子供育てるって大変やで」とか「お産はたいへんなんやから・・」とかあんなに真剣に話に来ている娘に対していい加減な返事しかできなくて、話していると訳も分からず涙が出てきて、娘には気づかれないように毎日泣いていました。

私のお産が少し大変な経験を（赤ちゃんが大きかったり、産後出血多量だったりそんなお産の後に元旦那さんの浮気が発覚したりと）したからなのかとも思いましたが何か違う気がしていました。

知人に相談しても、そんな真剣に話してはるんやん、いいやん、お産は痛いけど、それは一時期やし、みんな同じなんやしと言われました。

でも、どうしても不安で涙が出てくるし、恐怖を感じている気持ちが薄らぐことはありませんでした。

その時、たまたま過去世が見えるという方と出会いこの話をすると、過去に娘と孫の二人を出産のときに同時に亡くしている経験があるその経験を何度もしている、と言われたのです。

この言葉で涙の意味が分かった気がしました。

それから出産まで毎日怖いというイメージから、安産で娘も孫も元気で幸せになっているというイメージに書き替えました。毎日毎日。


そして出産当日。予定日より少し早かったのでまだ陣痛が来ていると知らなかったのですが、その日だけたまたま何も予定がなく、たまたま保険外交員の方が家に来られたので話しているとその方の出産の話になり、「多くの皆さんはお産は痛くていやだといわれますが私は一人目から超安産だったんですよ、だからすぐに2人目も欲しいと思いましたよ」と話されたのです。そのタイミングの良さにもびっくりしました。

そしてその方が帰られたので娘に電話してみました。

すると、「さっきからたまーにおなかがチクってする」でも予定日はまだ先やしお産とは関係ないと思うけど。

と元気そうな声。2時間後にもう一度電話すると、5分とか10分とかバラバラやけどやっぱりちょっとおなかが痛くなったりしているとのこと。でも大丈夫やし、そんなに大したことないしという娘にとりあえず病院に電話してみたらと勧めました。

するとすぐ来てくださいと。

それから数時間後、陣痛が来ている娘のほうが私たちを気遣ってくれるというおまけつきの安産で、先生たちからも絶賛お褒めをいただきました。そして、現在は毎日子供たち（今は子供は３人）と楽しそうに暮らしています。


過去の経験もあってこその今の私の幸せ。感謝しかありません。

その時その時の私に必要な方に出逢っていただき学ばせていただきました。

そして見えない世界からも応援していただいてきました。


やりたいって思ったら、やらない言い訳を考えずにまずやってみること。

ふと、たまたま、という感覚があったときもやってみること。怖い、悲しい、イラつくなどの感情が出た時は、気づきのチャンス！。

何からそういう感情になるのか突き詰めてみること。


その時、プロにリーディングしていただいたりタロットなどの占いを参考にすると気づきやすいと思います。

気づけたらイメージを書き換えること。そしてなりたいイメージを細かく具体的にすること。そしてそうなった自分でいること。

今後の私もどんどん出てくるやりたい事を叶えて一度きりの人生を楽しんで行こうと思っています。

卯ｓａｇｉの一歩では1階はカフェとしてお食事スペースですが2階は不定期開催ではありますがココロとカラダを整えるマルシェをしています。

そして私もそんな仲間と一緒に今後全国をマルシェをしながら旅も楽しみたいと思っています。

どこかでお会いできることを楽しみにしています。最後まで読んでいただきありがとうございました。

【著者紹介】川村麻梨子

１９６３年京都・岡崎生まれ。

19歳で結婚し息子２人に恵まれるが、夫の女性問題が原因で７年後に離婚。32歳で２度目の結婚・出産。夫の借金返済のため朝から晩まで働く生活を送り、８年で離婚。３児のシングルマザーとして奮闘しながら生き抜く。


２００８年、人気料理店『祇園さゝ木』に就職。ここで出会った大将と女将の生き様に感銘を受け、「死ぬときに後悔しない生き方をしたい」と、長年の夢を叶えることを決意。平安神宮に近い築90余年の実家を改装し、２０１２年におばんざいカフェ「卯ｓａｇｉの一歩」をオープン。

店名の由来は、「卯年生まれ」「夢の一歩」「一歩ずつ進む」より。多い日は観光客100名が訪れる人気店となる。

２０１９年に、「夢の第二歩」として、100年先まで店を残すための改装工事を実施。

2階をレンタルスペースとしてココロやカラダを整えるマルシェや楽しい企画、学びの場として提供。

信条は「やりたいことは全て叶える」。

定休日は水曜、祝祭日営業、不定休、代休あり。自身もお客様と交流しながら、悶々としている人、一歩を踏み出せない人の背中を押し、人生の楽しさを伝えている。

卯ｓａｇｉの一歩
京都市左京区岡崎円勝寺町91-23
地下鉄東西線東山駅1番出口から徒歩約5分

秘鍵5
風の時代の夢の叶え方

はたけやま　みき

二〇二〇年以降「風の時代の到来」「地の時代から風の時代へ」などという言葉を目にすることが多くなりました。

また、併せて「地球が次元上昇をしている」「3次元だったものが4次元を通り越して5次元へとシフトしている」などということも言われています。

「風の時代」「地の時代」などはもともと占星術のワードで、今まで地の星座である牡牛座・乙女座・山羊座で起こっていた木星と土星の大接近（グレートコンジャンクション）が二〇二〇年12月22日に水瓶座で起き、そこから約二百年間、風の星座である双子座・天秤座・水瓶座でグレートコンジャンクションが起こることから、「風の時代の到来」などと言われるようになったのです。

星座は風や地の星座の他、火の星座（牡羊座・獅子座・射手座）や水の星座（蟹座・天秤座・射手座）に分かれていて、この4つを「エレメント」と言います。

地の時代から風の時代になったように、約二百年ごとにグレートコンジャンクションが起こるエレメントが移り変わるのですが、その移り変わりの時期には価値観や考え方、ライフスタイルが大きく変化すると言われています。まさに時代の大転換期です。

また、地球の次元上昇についてはスピリチュアル系の発信をされている方がこぞってこの話題を取り上げています。

そこにはもちろん先ほどの「地の時代から風の時代になった」ということも背景にあるわけですが、「地球の次元が3次元から5次元に移行している」という表現もやはり時代の大きな転換期と捉えていると言えます。

新型コロナウィルスの蔓延や、ロシアとウクライナの戦争をはじめとした世界規模の問題、誰もが揺らぐはずがないと思っていた金融機関や業界トップの芸能事務所の崩壊など、二〇二〇年以降、今でも立て続けに起きている出来事は、もしかしたらこの事を物語っているのかもしれません。

また、私たちの身近なところでも、今まで常識とされていたことや古い固定概念が通用しないことが増えて来ました。例えば「夢を叶えるには努力と根性！」というような、昭和や平成の根性論。これも徐々に時代遅れになってきています。

「歯を食いしばって血のにじむような努力をするよりも、楽しく軽やかにサクッとこなしている方がうまく行く。」

今はそんな時代に切り替わりつつあるのです。


例えば箱根駅伝の青山学院大学。

「ワクワク大作戦」や「ハッピー大作戦」など、原監督が毎年名付けた作戦名はどこかほっこりするようなネーミングでしたが、四連覇を果たすなど素晴らしい結果も残しています。

原監督の指導法は体育会系にありがちないわゆる「スポ根」「スパルタ」とはひと味違っています。それは選手の自主性を重んじる、のびのび走らせる、言葉の力を重視するなど、昭和の根性論では考えられないことばかり。

それでもしっかり結果を残している理由は、原監督の方針がある意味「風の時代」といわれる現代にマッチしているからではないでしょうか。

では「風の時代」の今とそれ以前の「地の時代」では何が変わったのでしょう？

「地の時代」は金銭・物質・権威などが重視される時代でした。形あるもの、目に見えるものに価値があり、実績や伝統を重んじること、我慢や努力が大切とされていました。

「風の時代」は、「風」が目に見えないものであるように、形のないもの、コミュニケーションや人間力といったものがより強い意味を持ち、想像力・思考力・柔軟性が重要視される時代。

我慢や努力よりも自分の好きなことや心ときめくことに素直に行動することで良い方向に向かう時代です。伝統を重んじ、厳しさに耐え、歯を食いしばって努力を重ねることや、過去の分析データと対策が結果に繋がっていた時代は終わりかけています。

それを証拠に、「頑張っているのにうまくいかない」「過去のデータや分析結果が役に立たない」といった「今までうまく行っていた方法が通用しない」というケースが増えています。

頑張ることよりも、ヒラメキや直感を大事にして、ワクワクしながら笑顔で軽やかに行動している方がなぜか良い結果になる・・・風の時代はそんな時代なのです。

もうひとつ大きく変わったものがあります。それが「波動」です。

「波動」はもともと物理学で使われる言葉ですが、スピリチュアルの世界でも度々登場します。ここでは「生き物や物体が放つひとつのエネルギー」と捉えて頂ければと思います。

あらゆるものは波動を放っていて、互いに共鳴しながら影響を与え合っています。

「類は友を呼ぶ」という言葉があるように、同じあるいは近い波動の者同士が引き寄せあうというのが、いわゆる「引き寄せの法則」です。

波動は「高さ」と「強さ」で表されることが多く、喜びや愛、感謝などのポジティブな感情は波動が高く、不安や怖れ、無価値観などのネガティブな感情は波動が低いとされています。また、エネルギーや影響力の強さ・弱さが波動の強さと弱さになります。

風の時代になったことや地球の次元上昇で、地球そのものの波動がどんどん高くなっていると言われています。

波動は同じものを引き寄せるので、私たち人間も地球と同じように高い波動に近づくことで時代にマッチするのです。そのため、地球が今より低い波動だった頃には通用していたようなこと、例えば我慢しながら続ける努力や、不安や心配をなくすための行動は、少し前なら当たり前の価値観とされていましたが、今はかえってマイナスな方向に作用するようになってきました。

逆に、楽しくワクワクすることや直感や閃きに従った行動が、望む結果、あるいはそれ以上のものを運んできてくれたりするのが今の時代と言えます。

それだったら喜びやワクワクを感じながら、高い波動で日々を過ごした方がいいと思いませんか？

ここで少し私の話をします。私は東北の小さな田舎町で生まれました。小さな頃から目立つことが大好き！小学校や中学校では学級委員長に立候補したりして、真面目で正義感の強い、リーダータイプの子どもでした。

例えば、クラスの子が何かしらのルール違反をしたりすると、「それ、だめだよ！」と注意するのは私の当然の役目くらいに思ってました。

そして、それは正しいことだと信じていました。

そんな自分だったので、クラスメイトから「目立ちたがり」「いばってる」「偉そう」などと言われるようになり、無視されたり仲間外れにされたりして、嫌な思いをすることが増えていきました。

その時、強烈に心に刻まれたのが「自分の思ったことをその通りに言ったりやったりしたら、嫌な目に遭うんだ。」ということ。

それ以来、目立ちたがり屋の自分を封印し、いつも人の目と顔色を気にしながら、自分よりも他人を優先して生きるようになっていきました。

家でも学校でも常に自分が周りからどう思われているかを気にしながら生きるのは、少し窮屈だけど自分を守るためのベストな方法だと思っていました。

確かにそれで嫌な思いをすることは少なくなりました。

しかし、「本当はこうしたいのに。」「本当はやりたくないのに。」という心の声がしているのを感じていたのです。大人になるにつれ、「自分がちょっと我慢すれば丸く収まる。」「これぐらいは我慢のうちに入らない。」と心の声に気づかないふりをするのが当たり前になっていました。時には我慢していることにすら気づかないことも。

そして社会人になり、仕事をするようになってあることに気づきました。

「あれ?自分のことより人のことを優先してるのに、嫌な思いをすることが増えてる!」

例えば、忙しい時に人から頼まれたことを断れず、「今回だけ我慢しよう。」と引き受けると、次からも同じ人が毎回当然のように頼んでくるようになったりするということも。

本当は友人と遊びに行ったりしたいのに、家族に嫌な顔をされるのがイヤでずっと我慢していたら、怖くてそのことを言い出すことすら出来なくなったり。

これは私の周りの人に非があったと言いたい訳ではありません。頼まれ事を断ることも、友人と遊びに行きたいと言うことも出来たのに、そうしなかったのは私自身がまさに「我慢する」という選択をしたからです。

人生は選択と決断の連続です。

子どもの頃の体験から「我慢」という選択こそが自分を守る方法だと信じていたのに、いつしか自分がやりたいことは何も出来ず、嫌なことを嫌とも言えず、身動きができない状態になっていました。

そして、ついに私は病気になってしまったのです。子宮筋腫でした。

子宮筋腫は女性にとってはごく一般的な病気で、手術になることも特に珍しいことではありません。

しかし、私の場合は「多発性子宮筋腫」。無数の筋腫が子宮の中に出来ていたので、筋腫だけを取り除くことは難しく、子宮を全摘することになりました。

しかも、他の臓器との癒着がひどく、通常長くても2時間程度で終わる手術がなんと6時間以上もかかり、病室で麻酔から目が覚めたらすでに夜になっていました。(その日は満月で、窓から大きな月が見えていたのが印象的でした。)

子宮は「我慢の臓器」とも言われています。

我慢や不安、怒りなどの負の感情が過度なストレスとなり、子宮に溜まって筋腫になるのだとか。

そのことを知ったのは手術を終えた後。

何となく自分がこの病気になった意味を知りたくなって、ネットで検索して偶然見つけたスピリチュアルの記事に書かれていたことでした。そこにはこんなことが書かれていました。

心の声に耳を傾けること
誰よりもまず自分を大事にすること
自分が自分を扱うようにまわりも自分を扱うということ

この病気は、聞こえていたはずの自分の心の声に聞こえないふりをして、大切に扱えていなかった自分自身からのＳＯＳなのだと気づきました。

すぐ終わるはずの手術が６時間にも及んだこと、病室に戻った時にとても美しい満月が見えたことに何か不思議なメッセージのようなものを感じました。

そして、「今までの生き方はここで終わりにしなければ。」「自分にはやらなければいけない役割がある。」という予感がしたのです。

退院後の療養期間中、私はブログや書籍を読み漁りました。スピリチュアルにとどまらず、引き寄せの法則や現実創造論、心理学や脳科学、量子力学など、自分が惹かれたもの、面白そうと思ったものを片っ端から読んで、時には興味を持ったセミナーにも参加しました。

その中で言われていたのが、自分を大切にすることと波動との関係でした。

「地球そのものの波動が高く変化している今、地球に住むわたしたちもその影響を受けている。古い価値観や既成概念などにこだわって、低い波動を抱えたままの状態では地球の変化についていけず、今まで上手く行っていたやり方も通用しなくなってくる。だから自分を大切にして、幸せや喜びを感じながら生きることが大切。」

どの理論でも共通して言われているのはこのような内容でした。

「わたしが変えるべき生き方はこれだ！」

そう思ったわたしは、ブログや書籍、セミナーで知ったことを、自分を実験台にして試し始めました。

試したものの中には上手くいったものもそうでないものもありました。

しかし、徐々にそのコツや要領がつかめるようになり、波動を上げることで自分に起きる良い変化に確信が持てるようになったのです。


その後、コーチの資格を取得した私は、コーチングを使ってクライアントの心の声、本当の望みや手放したいことを引き出し、ご自身を大切にするためのアイディアを提案することで、夢や願望を叶えるセミナーやセッションを行うようになりました。今では全国の起業している女性を対象に、コーチングで夢を叶えて自分らしく豊かで幸せに生きるためのお手伝いをしています。


話を戻しましょう。

自分を大切にすると波動が高まること、そして波動が高まると現実が良い方向に向かい、望む現実を引き寄せることが出来る、ということはお分かりいただけたと思います。ではなぜそのようなことが起こるのでしょう？

先ほども書きましたが、人生は選択と決断の連続です。人は大きなことから小さなことまで、一日に3万5千回もの決断をしていると言います。

自分を大切にする、つまり自分の心の声に従って決断をするようになると、我慢や不満が減り、自分を満たすことが出来るので、心地良く過ごせるようになるのです。

この状態が波動の高い状態。

インスピレーションを受け取ったり、チャンスや情報などがタイミング良く入って来るようになります。とは言っても実はそう感じるだけで、もともと自分の周りに存在していたものなのです。

心が整って波動が高くなったことで、今までは気付けなかったインスピレーションやチャンスなどに気付けるようになったのです。


でも、波動が高くなっただけでは現実を思い通りに動かすことはできません。

現実を動かすには、波動の高さだけではなく「強さ」も必要です。どんなに波動を高くしても、強さが伴っていなければ目の前の現実に変化は起こらないのです。


では波動を強くするために必要なことは何でしょう？

それは「行動」です。

波動が高い状態で受け取ったインスピレーションやチャンスを実際に行動に移すことで波動は強くなり、現実を変えていくことが可能になるのです。

「目の前の現実を変えたい！もっとより良いものにしたい！」と思った私がまず意識したのは、普段聞き逃してしまうような小さな心の声をキャッチすることでした。

例えば、「少し喉が乾いたなぁ。」とか「トイレに行きたいなぁ」という程度のものです。始めて分かりましたが驚くことに、その程度のことはいとも簡単にスルーしてしまっている自分に気付きました。

「今すぐじゃなくても大丈夫」とか「これが終わってからでも平気」と、何のためらいもなく後回しにしていたのです。たとえその時にすぐに水を飲んだりトイレに行くことが出来る状況だったとしても、です。

「ああ、こうしてスルーしているうちに大きな心の声もキャッチできなくなっていたんだな。」と納得し、可能な限り心の声に従って、すぐに行動するようにしてみました。しばらくすると、ある変化を感じました。

心の声を無視したままでいると、たとえそれが些細なことであっても気になってしようがなく、行動せずにいるとずっと気持ち悪さを感じているのです。


例えば、期限にはまだ余裕はあるけど終わらせていない手続きや支払いがある。

無い方がすっきりすると思いながらも捨てられないものがある。

「どうしているかな？」と思いつつ、ずっと連絡出来ずにいる友人がいる。


言ってみれば、「緊急ではないけどもやるべきタスクがある」という状況です。

今まではそれほど気にならなかったこのような状況が、自分にとってストレスに感じるようになっていました。

そして、それらを全て終わらせたときの爽快感といったら！！

やるべきタスクが何もない状況に、幸せすら感じるようになりました。

爽快感や幸せなどの「心地良さ」を感じている状態は、波動が高い状態。

その心地良さをまた味わいたくて目の前のタスクをドンドン片付けるうちに自然に行動力もアップし、いつの間にか私の波動は高く強い状態になっていきました。

少しづつ望まない現実は減り、ラッキーな出来事が多く起こるようになっていきました。

「石橋を叩いて渡る」という言葉があります。

以前の私は「石橋を叩いても渡らない」どころか、叩き過ぎて石橋の本体そのものを壊してしまうタイプでした。

周りからは「みきさんは慎重派だね。」とよく言われていて、自分ではそれを誉め言葉だと勘違いしていました。

でも、せっかく目の前にチャンスがやってきても、「失敗したらどうしよう。」「目立つようなことをしたら、周りから悪く言われるのではないか。」と二の足を踏んでいるうちに諦めてしまったり、チャンスそのものを逃がしてばかりいました。そして必ず後悔するのです。「勇気を出して行動していればよかった」と。

そんな私が自分の心の声に従うようになってからは、「行動が早いね。」と言われるようになり、チャンスをドンドン自分のものに出来るようになりました。

そして、あり得ない奇跡や、思ってもみなかった嬉しいことが沢山、起こるようになりました。

ちなみに今この本を書いているのも、フェイスブックで偶然、目にした募集の投稿にピンと来て、丸井先生にメッセージをしたところから始まっています。


私にとって本の出版はひとつの夢でした。

大好きな書店の棚に、自分の名前が掲載された本が置かれているところを想像してニヤニヤすることはありましたが、実は原稿を書いたこともなければ、出版社へのツテもありませんでした。

普通に考えたらそんな自分が出版に名乗りを上げるなんてあり得ないことです。

でも何もせずにこのチャンスを逃してしまったらもったいない！そう思って勇気を出して丸井先生にメッセージを送ったことが今に繋がり、出版という私の夢が実現したのです。

ここで「直感」や「インスピレーション」について少し触れたいと思います。

直感やインスピレーションというのは、ひらめきや思いつきのこと。

厳密に言うと過去の経験に基づいているかどうかで分けられるようですが、ここでは同じものとして扱います。

直感やインスピレーションは、「なんとなく」「ピンときた」という感じで表現されることが多いので、曖昧なものや感覚的なものという印象が強いかもしれません。

でも実はこの直感やインスピレーションというのは、過去の自分からのオススメ。

しかも過去の自分といっても今世だけではなく、前世や過去世も含めた魂の記憶に基づいた「絶対にこうした方がいいよ！」という強力なメッセージなのです。

イメージとしては、魂が存在し始めたその時から今世までの経験がすべて保存されているクラウドがあって、その膨大な数のデータの中からその人に必要なタイミングではじき出される検索結果が、直感やインスピレーションだと思ってください。

はじめの方でも書きましたが、地の時代には実績や分析結果に基づいた行動が良い結果に結び付いていたのに、風の時代になった今は直感やインスピレーションに従って行動する方が上手く行くようになって来ています。

一見、根拠がなく不確かで曖昧なイメージのある「なんとなく」や「ピンと来た」という感覚は、実はとてもパワフルで確実性の高いものなのです。

波動が上がって直感やインスピレーションを受け取りやすくなるということは、過去の自分からの強力なオススメに気付けるようになるということ。

それに従って行動すると、当然結果もツイてくる。だから夢が実現するのです。

では、波動が変化した時に自分で確かめる方法はあるのでしょうか？

ここでは波動が高くなると起こることについていくつか紹介します。

（1）ゾロ目の数字をよく見る。

デジタル時計の数字やレシートの金額、車のナンバーなどで、111や222などの連続した数字を目にすることが増えます。

私これを一つのバロメーターにしています。

調子の良い時だと、往復2時間の運転で20回以上ゾロ目を見ることも！

ただし、気を付けるのはゾロ目を探したり見張ったりしないこと。

「ふと目に入った数字」だけをカウントしましょう。

また、スピリチュアルではゾロ目の数字を「エンジェルナンバー」といって、それぞれの数字に意味があるとされているので、検索してみると楽しいです。

（2）タイミングの良いことが起きる

満車の駐車場で停めるところを探していたら、ちょうどよく1台分空いた。

連絡しなければと思っている人にバッタリ会えたり、相手から連絡が来た。

食べたいと思っていたスイーツを差し入れでもらえた。

など、「こうだったらいいな。」と思ったらその通りになることが増えます。

小さな引き寄せが出来ているとも言えますね！

（3）嬉しい連絡やお誘いが増える

しばらく会っていなかった友達からランチやお茶のお誘いがあったり、ビックリするような嬉しいチャンスが立て続けに舞い込んでくるようになります。真っ白だったスケジュール帳がワクワクする予定で埋まってくるのは嬉しいですよね！

私の場合は仲のいい友達との予定でスケジュールが埋まって来ると、「今イイ感じなんだな。」と判断しています。

（4）花が長持ちする。観葉植物が元気に育つ

私はお花が大好きで、よく切り花や鉢植えを飾っています。

しかし、以前はなぜか毎日水やりや水替えをしていてもすぐにダメになってしまい、「丈夫で育てやすい」といわれている観葉植物でさえ枯らしてしまうことも。

最近は水やりや水替えを少々忘れてしまっても、お花が長持ちするし、観葉植物はどんどん新芽が出てきてくれるようになりました。よく行くお花屋さんにその話をしたところ、「きっと、みきさんのエネルギーが変わったからだね。」と言われたんです。

そういえばお花が元気だと感じるようになったのは、波動を意識するようになってからでした。植物は波動の変化を敏感にキャッチするのかもしれませんね。

あなたの家のお花の状態はいかがですか？

（5）人間関係が入れ替わる

ある意味これが最も分かりやすい変化かもしれません。

今まで仲が良かった友人と何となく話が合わなくなったり、逆にちょっと近寄りがたいと感じていた人と気が合うようになったという経験はありませんか？

同じように長い間夢中になっていた趣味が急につまらなくなったり、全く興味がない分野について突然学びたくなるようなことも、自分の波動が変わったサインです。

同じ波動のものを引き寄せるのが波動の法則なので、波動が合わなくなったものは徐々に離れていくことがよくあります。

長い付き合いの人や、なじみ深い趣味に急に興味がなくなってしまうのは、少し寂しく感じることもあるでしょう。たとえ一時的に離れることになっても、ご縁があればまたつながります。

そしてそれは、もっと素敵な人や夢中になれるものと出会う前触れ。

感謝とともに手放しましょう。

（6）古いものや電化製品が壊れる。物がなくなる。

大切な食器が割れてしまったり、ずっと大事にしていたお気に入りのものが見当たらなくなってしまう。

また、電化製品やパソコン、スマホなどが壊れたり、データが飛んでしまうなども波動が高くなった時に起きる変化です。

物が壊れたり無くなったりするのは、物の出す波動と持ち主の波動が合わなくなったから。また、電化製品やパソコンなどは、精密機器である分、波動の影響を受けやすいといいます。

壊れたものは、あなたの元でのお役目を終えたということ。

修理できるものは修理し、修理できないものは「ありがとう」と声をかけてから処分しましょう。

波動の変化に関わらず、パソコンやスマホは普段からバックアップを取っておくと安心です。

さて、ここまで読んでくださった方なら「波動を良い状態にすることで願いが叶うなら、毎日気分良く過ごしてさえいれば嫌なことや困難も起こらなくなるのでは？」と思う方もいるかもしれません。

でも答えはＮＯです。

願いを叶えるためには波動の高さだけではなく「強さ」も必要であることはお伝えしました。波動の強さはエネルギーや影響力の強さ。

それらは辛い経験や困難を克服することで強くなるといいます。

成功者の中には、若い頃や幼少期に大変な経験をした方も多くいらっしゃいます。それは経済的な困難だったり劣悪な家庭環境と様々ですが、共通しているのはみなさんその困難を克服した経験をお持ちだということ。

成功者の方から強いエネルギーやパワーが感じられるのは、困難を克服するために沢山の決断と行動をした経験によって波動が強くなったからなのです。

私自身もここ10年位、なぜか困難が続きました。予期せぬ出費で大きなお金がどんどん出て行ったり、母親がガンになったり、子供に病気が見つかったり、近隣トラブルでオフィスを移転しなければならなくなったり・・・。

東北に住んでいるので東日本大震災も経験しましたし、最近でいえば新型コロナウイルスもその一つです。

スピリチュアルや波動に全く興味がなかった頃は、「どうして私ばっかかり大変な目に遭うのよー！」と嘆いてばかりでしたが、前述の手術を経験しスピリチュアルの存在を知ってからは、「全て自分にとっては必要なこと」と思えるようになりました。今では「さあ、この困難を超えたら私はどれだけ飛躍出来ちゃうんだろう？」なんておめでたい考えも出来るようになりました。

これはあくまでも私の体験談ですが、私が幾つかの困難を乗り越えて実感したのは、波動が良い状態になっていると、たとえ困難に感じることがやってきたとしてもどこか冷静な自分でいられるのです。

もちろんショックを受けたり、「なんでー？！」と叫びたくなったりすることはありますが、その現実を受け入れるのにさほど時間がかかりません。

嘆いたり右往左往することに時間を費やすことはなく、自然に「じゃあ、どうする？」と考えるようになっていました。自分でも驚いたのですが、震えてしまうほどの怖さも感じているのに、その困難が大きければ大きいほど「おもしろいじゃない。」「やってやろうじゃないの。」という、肝が据わった感覚のような、覚悟のようなものが自分の中に出来上がったのです。

そしてまるで自分の中に有能な指揮官がどっかりと座って、「この人に相談するように。」「このことを調べてみるように。」と指令を出されているように、次から次へと解決のアイディアが思い浮かぶようになり、それに従ってとにかく行動しました。

もちろんすべて順調に進んだわけではありません。

近隣トラブルでオフィスを移転しなければならなくなった時は、解決してもまた次の問題がやってきて、「一体いつになったら全部解決するんだろう。」と思うことばかりでした。

特に物件探しやお金については全く知識がなかったので、いくつもの壁が立ちはだかりました。その都度「わたしの中の有能な指揮官」から指令が出されるので、とにかくその指令に従って行動しようと決めました。

まず物件を探さなくてはいけなくなった時、真っ先に思い浮かんだのは近所のカフェのオーナーでした。

その方はもともと建築関係のお仕事をされていて、おしゃれなカフェのデザインや、素敵な家の設計を数多く手がけていた女性。

いつか私も彼女に設計をお願いするのが夢でした。しかし、既に業界からは退いたと聞いていたので、とても残念に思っていたのです。

それでも私の中の指揮官から出された指令は「すぐにそのカフェに行って、このことを相談するように！」というものでした。

「今頃こんな相談しちゃって大丈夫かな？」と思いましたが・・・。

物件探しすらしたことがなかったので、「とりあえず何から始めたら良いかだけでも聞いてみよう。」と思い、彼女のカフェに行って事情を話しました。

すると、彼女は自分の名刺を出して私にこう言ったのです。

「あのあとご縁があって、また建築関係のお仕事に復帰したんです。」と。

思いもよらないことでした。建築業界からは退いたと聞いて諦めていたのに、復帰していたなんて！

その後、私は物件探しからリフォームまでのすべてを彼女にお願いしました。

ラッキーなことに手頃な物件がすぐに見つかり、しかもその持ち主が古い知人だったこともあって話はトントン拍子に進みました。

そしてトラブルから5ヶ月後には新しいオフィスに移ることが出来ました。

しかも、彼女がリフォームのデザインを担当してくださったので、前々からの私の夢も叶うという思いがけないオマケまでついてきたのです！


一方で物件探しやリフォームは順調に進んだものの、資金の調達には苦戦しました。融資がなかなか審査を通らず、資金が思うように準備できなかったのです。

そんな時、急に古い知人の存在が思い浮かびました。

もう何年も連絡をとっていない方でしたが、その方のご主人が銀行に勤めていたことを思い出したのです。

すると例の指揮官から「今すぐ連絡を取るように！」と指令が出されたので、ドキドキしながらSNSでメッセージを送りました。

何年もやり取りのない知人にメッセージを送ることも、ましてやそのご主人にいきなりこんな相談をすることも、以前の私だったら絶対に出来ないことでした。

「覚えてくれているかな？」「断られたらどうしよう。」

石橋を叩き壊していた頃の私なら、きっとこう思って行動しなかったでしょう。でもこの時のわたしは違いました。「背に腹は代えられない！」

思い切ってメッセージを送ると、すぐに返信の連絡が来て、親身になってアドバイスしてくださいました。その後なかなか進まなかった審査が通り、あっという間に融資が実行されたのです。今振り返ってみると、これらの困難な経験の中で私は幾つもの難しい決断をしてきたと思います。しかも、それまで嫌なことや面倒なことをなるべく避けて通ってきた私にとってはほとんど経験のない、「崖っぷち」での決断。

怖くて足がすくんだり、不安で吐きそうになりながら、それでも指揮官の出す指令を信じて行動するうちに、ある確信を持つようになりました。

それは、「思ったよりも大丈夫なことって多いんだ。」ということです。

ダメかもしれないと思いながらも、勇気を出して一歩踏み出すことで、踏み出した先の世界が「大丈夫」であったこと。
そして得られる豊さが沢山存在することを知ったのです。

もしかしたら、成功者の方々も私と同じような経験をして、同じことを感じているのかもしれません。

成功者と呼ばれる方のエネルギーや影響力が強いのは、難しい局面で大きな決断をして、勇気を出して飛び込むことで、その先にある豊かさを獲得した経験があるから。
そしてその経験が積み重ねとなって自分の自信になることで、周囲に与える影響やエネルギーが強くなり、大きな夢も次々と叶うのだと思います。

さて、あなたには「小さな夢や願望は叶うようになってきたのに、一番叶ってほしいことはなかなか叶わない。」という経験はありますか?私はあります。しかも、随分と長い期間、その原因がわからずに苦労していました。

その原因は「執着」です。

願望実現のワークとしてよく使われるもののひとつにイメージングがあります。

簡単に説明すると、夢が叶った未来の自分の様子をイメージし、叶った時と同じ高い波動になることでその未来を引き寄せる、というワークで、私もセッションに取り入れています。

もちろんイメージングするだけで良い結果がやって来るわけではなく、やはり行動することが大前提にはなるのですが、「イメージングをして直感やインスピレーションに従って行動しているのに、全然上手くいかない。」というクライアントが一定数いるのです。

また、ひと昔前の引き寄せの法則では、「願いは強く思うほど叶いやすくなる。」と言われていたので、一生懸命願ってみたものの、どんなに強く願ってもなかなか叶わなかったという経験をされた方も多いのではないでしょうか。

イメージングをしても、直感やインスピレーションに従って行動しても、そこに執着があると実現は難しくなってしまうのです。

では「執着」とは何でしょう？

執着というのは「一つのことに心をとらわれて、そこから離れられないこと」。

「絶対に叶ってほしい！」「叶わないと困る！」というような、願いをギュッと握りしめているような感覚が執着です。

執着は怖れの一つ。怖れは低い波動のため、イメージングや心の声に従うことでどんなに波動を上げる努力をしていても、そこに執着があるとせっかく上がろうとしている波動を下げてしまいます。

車を例にして説明すると、イメージングや行動がアクセルだとすれば、執着はブレーキ。アクセルとブレーキを同時に踏んでいては車は前に進みませんよね？

執着があると物事がうまく進みにくいのはそういう理由なのです。

だから「執着を手放す」必要があるのです。

どうしても叶えたい夢や願望があったり切羽詰まった状況だと、執着を手放すのはなかなか難しいかもしれません。私にも経験があるのでとてもよく分かります。
しかし、上手く行ったり行かなかったりを繰り返すうちに、一つの法則に気づいたのです。

それは「『どっちでもいい』というマインドでいると叶いやすい」ということ。

意識としては「叶ったら嬉しいけど、叶わなくても何とかなる！」という感じ。
願いをギュッと握りしめている状態から、手の力をフワッと緩めるような感覚です。

あなたは「なかなか叶わなかったことを諦めたらなぜか叶った。」とか「叶っても叶わなくてもいいような、どうでもいい願望はすぐに叶う。」という経験はありませんか？それらが叶う理由は、執着がないからです。

「諦める」は、叶えようと必死になることをやめることですし、「どうでもいい願望」はもともと叶っても叶わなくてもどっちでもいいと思っているようなこと。

どちらも執着を手放している状態です。だから、すんなり叶うのです。

私も、元々叶えたい願いではあったものの「さすがにこの状況じゃ難しいかも。」と思って諦めたらすぐに叶ったり、叶えようとして必死になっている時に仕事が忙しくなり、そちらに集中していたらいつのまにか叶っていた、などということをしばしば経験するようになり、「もしかして、この『どっちでもいい』っていうマインドでいるのがコツなのでは？」と思いはじめました。

それからは絶対に叶えたい願いもあえて力まずに、「どっちでもいい」というマインドを心がけるようにしました。すると以前はなかなか叶わなかったような大きな願いも、次々とすんなり叶うようになってきたのです。

そうは言っても、「どうしても叶えたい願いなのに『どっちでもいい』と思うなんて難しい。」という方も多いと思います。

そんな時はあえて願いとは別の事に意識を向けてみましょう。以前わたしが仕事に集中していたように、願いとは違うものに意識を向けたり集中したりすることで執着がなくなり、「気づいたら叶っていた！」なんていうことも起こるかもしれません。

仕事以外にも「おいしいものを食べる」「好きな音楽を聴く」など自分が喜ぶことをして、意識をそちらに向けるのも有効です。

いずれにせよ、心の中で願いをギュッと握りしめている感覚がなくなったら、それが執着を手放せたというサイン。

時々、心の状態をチェックしながら、上手に執着を手放しましょう。

さて、私は現在、コーチングを使って女性のメンタルをサポートする継続コースを提供しています。メインは起業している方を対象にしたコースです。また、その中には受験生のママや子育て中のママを対象にしたコースもあります。

コーチングはこちらから具体的な指示やアドバイスをするのではなく、「答えはその人の中にある」という理念のもと、クライアントに質問しながら、あくまでもクライアントがどうしたいのか、どうありたいのかを引き出すものです。

私のクライアントには「頑張っているのになぜかうまくいかない。」「周囲を気にし過ぎて、自分が本当にやりたいことができない。」また、「いつも悩みを抱えている」という方がとても多いように思います。

セッションを進めていくと、上手く行かないことでクライアントが自分を責めてしまっていたり、未来の不安や心配で頭がいっぱいになっていたり、「こうなってほしい」あるいは、逆に「こうなったら困る！」という執着がなかなか手放せずにいたりします。そのことは、決して波動の状態が良いとは言えない思考や行動パターンを繰り返してしまっていることが分かります。

それらはしつけや教育によって幼い頃から長い時間をかけて定着した「心のクセ」。残念ながら、ちょっとやそっとでは変えることができないケースがほとんどです。一時的に「もう大丈夫！」と思えたとしても、時間が経つとまた同じ状態に戻ってしまうことが多いのです。そのため、時間をかけて少しずつその「心のクセ」を修正していく必要があります。

私の継続コースでは、コーチングやワークを中心にして、定期的かつ継続的なサポートで、自分自身に向き合って少しづつ、心のクセを修正します。

また、滞っていることの原因を見つけ、解消するためにはどうしたら良いかを一緒に考え実践していくことで、「心が整った状態」、つまり波動が良好な状態を標準装備にすることを目的としています。

波動が高くて強い、良好な心の状態をキープすることは、仕事だけではなくプライベートの面でもプラスに働くものです。

あなたも、私が今まで述べてきた風の時代の夢の叶え方を実践して、ぜひ夢をドンドン叶えて下さい。

お読み頂きありがとうございました。

【著者紹介】はたけやま　みき

秋田県出身。メンタルコーチ。カウンセラー。セミナー講師。

２０２０年にメンタル心理カウンセラーとエキスパートコーチの資格を取得。音楽講師として長年、多くの子供たちや保護者と関わって来た経験とスピリチュアルの知識を用いたカウンセリング、コーチングの技術を生かし現在では全国の女性起業家や子育て中の女性を対象にコーチングで心の声を聞き、本当の自分とつながる「心の調律セッション」やセミナー活動を行っている。

【講座内容】

働く女性のためのメンタルサポートコース「めんさぽ」

受験生のママのためのコーチングコース「Ｊママコーチングコース」

【セミナー】

２０２０年　生徒さんが辞めない・休まない教室の作り方

２０２１年　「低反発メンタル」のススメ

２０２２年　教室の先生のための「なぜかわ」セミナー

２０２３年　スピリチュアルde教室運営「シン・ピアノ教室」

【インスタグラム】@mikity0504

秘鍵6
強運を呼び込む！パルキュアソロジー

金山富英

パルキュアソロジー

PALMACUREXOLOGY

手は脳と直結している

人間の手は、目や耳、鼻や口と同じように、様々な情報を脳に直接伝えるとても重要な身体の器官です。

しかし、手は他の部位と違い、脳から離れているため、多くの人がその大切さに気がつかず、無意識に使ってしまいがちです。

手は脳で考えたことを表現する。（絵を描く、文字を書く、料理を作る、スポーツで使う）、ものを触ることで脳に情報を伝える。（チクチク、ザラザラ、ツルツル、熱い、冷たい、重さを感じる）など、多くの役割を持っていることから、その重要性が分かっていただけるのではないでしょうか。

人を感動させる絵画や書、陶芸、楽器の演奏は、手を使い表現されています。

＊カナダの脳神経外科医ペンフィールドは、大脳皮質における運動野や、体性感覚野と身体の各部位に対応する領域の広さを絵で表しました。

これをペンフィールドのホムンクルス人形と呼びます。

特に舌や手が大きく表現されていることからも、手の重要性が分かります。

パルキュアソロジー®とは

柔道整復師である私が、長い施術経験と研究により考案した手と脳の関連性と可能性に着目した新しい整体メソッドです。

手や足に存在する自覚のない筋肉のコリを緩め、運動や感覚をつかさどる脳によい影響を与えることで身体のバランスを整え、様々な痛みや不調の改善が期待できます。

パルキュアソロジー®の名称の由来

手Palma（てのひらを表すパームの原型、パルマ）、治療、癒し Cure（キュア）、反射Reflex、学問ology（オロジー）を合わせた造語です。

手で治す、手から良くする治療法、学問として命名しました。

※英語表記　PALMACUREXOLOGY®

考案に至った経緯

2020年12月、肩の強い痛み、動きの悪さに悩むお客様を施術していた際、今まで私が行ってきた整体の施術法では全く改善がみられませんでした。

そのため「肩をケガしているのでは？」と思い、肩専門の整形外科を受診して精密検査を行いましたが、強い痛みを引き起こすような大きな異常はありませんでした。

そこで、問題は全く別のところにあるのではないか？と考えました。

まずは自分自身で肩のストレッチをしながら、肩、ひじ、手首などの各関節の動き、つまりをチェックしていたところ、手首（特に手の甲側）に動きの悪さ、つまりを感じました。

さらに詳しくチェックすると、手の甲や前腕にある骨と筋肉の際の深い部分に強い痛みを伴う硬さを触れたため、これを注意深くゆるめていきました。

すると、私自身が25年来悩まされていた首や肩の痛みが軽減し、動きが大幅によくなったことが、このアプローチの考案につながる大きなきっかけとなりました。

パルキュアソロジー®のロゴに込められた願い

パルキュアソロジーの言葉には五つの色のイメージが含まれています。

銀色は月の静けさ、白色は光のかがやき、桃色は優しい気持ち、もえぎ色は新緑の葉、紺色は生命の源である水。銀色の木に、銀色、白色、もえぎ色、桃色、紺色の輪をあしらい、柔らかで包み込むような光のイメージをあらわしています。

パルキュアソロジーの言葉の色には縦軸と横軸があります。縦軸は銀色、白色、桃色。そして横軸は、もえぎ色、紺色です。

布は経糸（縦糸）と緯糸（横糸）で成り立っています。

このバランスがしっかりと取れていることで、素晴らしい布が出来上がります。縦軸と横軸を定めることで、人との協調性や調和といった意味を持たせています。

人の健康は、すくすくと育つ木と似ています。

木は小さな種から、大地の栄養、天からの恵の雨水、太陽の光を浴びて大きく育ちます。

パルキュアソロジーのロゴは、太陽の光に向かい、元気な葉をつけて大きく育つ木のように、いつまでも健康な身体でいられるようにという意味が込められています。

パルキュアソロジーは、言葉（言霊）、色、形が持つエネルギー性を大切にしています。

施術家を目指したきっかけ

小学校1年生から6年生まで、地域のクラブチームでサッカーを経験。

中学1年生から強さに憧れて柔道部に入部しました。身体は小さかったのですが、自分より大きな相手を倒した時の爽快感にひかれ、ますます稽古に力を入れていきました。

中学3年生くらいから、学校に行く際、玄関で椅子に腰をかけないと靴が履けないくらいのひどい腰痛に悩まされ、接骨院、鍼治療、カイロプラクティックなど腰痛の改善には良いとされていた、ありとあらゆる治療院に通いました。

進路を決める高校3年生の頃、たまたま読んでいた近代柔道という雑誌に、「スポーツトレーナーへの近道」というような記事がありました。

今から思えば母校である日体柔整専門学校（現在の日本体育大学医療専門学校）が、掲載していた広告記事だったのですが、直感的に自分の進む道はこれだ！と思い進学を決意しました。

腰痛で悩んでいたことで、それを解消すべく多くの治療院に通っていたことが、素晴らしい治療家の先生方との出会いにつながり、その後の人生を大きく変えるものになりました。

人生を変えたヒクソン先生との出会い

専門学校卒業後、就職先をどうしようかと考えていた時、アメリカ　カリフォルニア州ロサンゼルスの大学に通っていた友人から、一本の電話があり、「ロサンゼルスでヒクソン・グレーシーという先生から柔術を習っているのだけれど、とても素晴らしい先生だから一度習ってみたら？」と連絡がありました。

１９９６年春のことです。中学校から専門学校卒業までの約９年間、柔道を習い、柔道の強豪校である日体大柔道部の先輩方とも稽古をしていたので、多少の自信はありました。

柔道は日本発祥の武道であるし、アメリカの格闘技のレベルはどの様なものか、とても興味があったので実際に体験してみたいと考え、まずはじめは2週間ほど、現地の柔術スクールに行って、練習生達とスパーリングをしました。

ところがなす術もなく、されるがままに、首は絞められる、腕の関節は極められるという経験をし、今まで持っていた小さな自信は見事に打ち砕かれてしまいました。

これが、その後ヒクソン・グレーシー柔術アカデミーに入門するきっかけとなりました。

午前中はUCLAという名門大学があるロサンゼルス市のウェストウッド地区にあるELCランゲージセンターに通いました。

世界各地（日本人だけでなく、スイス、ドイツ、ロシア、ポルトガル、カザフスタン、モンゴル、韓国、台湾、メキシコ、ブラジルなど）から集まった生徒たちと英語を学び、夕方からはウェストロサンゼルスのピコ大通り沿いにあった、アカデミーに週に4回ほど通いました。

ヒクソン先生に習うため、全米各地、ブラジルからも多くの生徒が来ており、練習生の中にはクリスチャーノ・マルセロ（のちにヴァンダレイ・シウバ選手の柔術コーチ）やヘンリー・エイキンス（ヒクソン先生の高弟の1人、現在は柔術アカデミーを主宰）、三谷愛武さん（システマLA代表）などがいました。

彼らは高い寝技の技術があったのですが、さらに立ち技の技術も習得したいと言われ、休みの日には私が立ち技を教え、代わりに寝技を教えてもらうといった事もあり、大きな経験を積むことができました。

グレイシー柔術修行からの学びと気づき

ヒクソン先生のレッスンはとてもわかりやすく、レッスンの前には多くの生徒一人一人と笑顔で握手されていたことを思い出します。

特に印象に残っているのは、危機に直面した時の対処法でした。

「強い相手と対峙し、危機的な状況にあった時、多くの人は呼吸を止めて身体に力を入れてのがれようとするが、これでは体力を大きく消耗して疲れ果ててしまう。**ピンチになったときほど、呼吸、特に吐くことに意識を向けるべきである。そうする事**

で身体の緊張がとけて余裕が生まれ、相手の動きに対応する事ができる。」

「自分より力が強く、100ポンド（約45キロ）のダンベルを片手で持ち上げてしまうような屈強な相手と闘って、相手が思い切り首を絞めてきたとしても、こちらは両足を使って距離を取り、**自分の両腕、背中の筋肉を使えば、力に頼らず大きな相手を制する事ができる。」**

このように先生は、レッスンを通じて多くのことを私たちに教えてくれました。

これらの教えは、力だけではなく、呼吸を整えて身体の力みを無くし、身体の骨格をフレームのように使って、施術を受ける方の凝り固まった筋肉に対して、少ない労力で無理なく力を伝えることにつながります。

パルキュアソロジーを行う施術者が理解しておくべき身体操作にも、グレイシー柔術におけるヒクソン先生の指導が、大きく生かされています。

手と脳の関連性に注目した新しい整体法パルキュアソロジー

パルキュアソロジーは、即効性があり、痛みのある部分を直接触れないため施術を行うことでの危険性が少ない技術です。

そのため安全性が高く、子供から高齢者まで幅広い年齢に施術することができます。
パルキュアソロジーで改善が期待できる主な症状には以下のようなものがあります。

- 首や肩の痛み、関節可動域の低下（首の寝違え、四十肩、五十肩のような症状）
- 腰や背中の痛み
- 股関節や膝の痛み
- 脳の血流改善
- 様々な身体の痛み
- 精神的ストレスの緩和
- 姿勢の改善、身体バランスの向上
- 固有受容器（メカノレセプター）が正しく機能するようになる
- 筋力の向上

・スポーツパフォーマンスの向上
・姿勢の改善
・前重心、外重心、浮指の改善
・自律神経系に関係する様々な身体の不調の改善
（うつ状態、慢性的な内臓の不調、ホルモンバランスの改善）
・足のむくみなど

以下のような場合はパルキュアソロジーを行わないようにしましょう。

・高い熱がある場合
・感染症がある場合
・感染性の皮膚疾患
・高血圧
・妊娠の初期
・ガン、糖尿病、その他おおきな疾患がある場合
・骨そしょう症で骨がもろくなっている場合
・知覚のマヒなど感覚神経系に問題がある場合
・骨折の急性期

・出血を伴うケガ
・血流を良くする薬を服用している場合

＊施術を行って良いかわからないときは自己判断せず医師にお尋ねください

パルキュアソロジー・インデュレーション・ポイント（ＰＩＰ　ピー・アイ・ピー）とは

スポーツ選手や手をよく使う職業に就く方の、特に前腕や下腿にある骨と筋肉のつなぎ目に発生する硬くコリかたまったポイントです。

通常、自覚症状が出づらいのですが、様々な身体の不調を引き起こす要因となります。

パルキュアソロジーでは、このポイントのことをパルキュアソロジー・インデュレーション・ポイント（ＰＩＰ　ピー・アイ・ピー）と定義し、施術者の母指や器具、電気刺激等を用いて、ＰＩＰに適切な刺激を加えて緊張を緩めます。パルキュアソロジーでは、**術者がＰＩＰを正しく見つけ、アプローチすることができるかということが、とても大切です。**

手および前腕の筋肉が凝りかたまる要因とＰＩＰが形成されやすい職業、スポーツ

以下のような職業、スポーツを行う方は、手や前腕の筋肉が凝り固まり、ＰＩＰが生じやすいとされています。

- パソコンのタイピング動作、スマホの操作
- 筋力トレーニングの際の握り込み
- ピアニストなどによる楽器の演奏
- 料理人（包丁を使った作業）
- 大工（工作等の作業）
- 野球、テニス、ゴルフなどのスポーツ選手による過度な手の使用

ＰＩＰの発生しやすいポイント

手の甲、足の甲の間
前腕、下腿の骨に沿った部分
背骨の棘（きょく）突起の際
大腿骨の側面

上腕骨の側面など
＊繰り返しよく使う場所に発生しやすいと推測されます

手のＰＩＰが身体に及ぼす影響

スポーツやタイピング、手の握り込みなどで手を過度に使用する
←
手の甲にある背側骨間筋をはじめとした手の筋肉に緊張がおこり、ＰＩＰが生じる
←
手の筋肉にあるセンサーが、手を強く握りこんでいるという誤った情報を脳に伝えてしまう
←
首肩の筋群の緊張、四十肩、五十肩（肩関節周囲炎）のような痛みを引き起こす

ＰＩＰを緩めることで痛み、緊張が取れるメカニズム

痛みのある箇所では多くの場合、筋力低下が起きていることがあります。

痛みのある場所から延長線上にＰＩＰが形成されることが多く、ＰＩＰを緩めることで筋力をあげることが出来ます。またＰＩＰを緩めることで、関連の筋膜の緊張がゆるみ、関節の動きが拡がります。

（例）　股関節前面の痛み・・・足甲の背側骨間筋（3、4趾間）
　　　肩の三角筋中部の痛み・・・手甲の背側骨間筋（3、4指間）

パルキュアソロジストが勉強しておくこと

パルキュアソロジスト（パルキュアソロジーを行う施術者）は、以下のようなことを深く学ぶ必要があります。

・身体各部位の構造と仕組み
（皮膚、骨、筋肉、神経、指先の知覚神経の仕組み）
・身体のバランスをとるための腕、足の役割
・メカノレセプター（固有受容器）の構造と機能
・脳と感覚神経、運動神経の関係

・自律神経系とホルモン分泌の関連性
・身体を動かすために必要なミネラル、栄養素
・病気を引き起こす本当の原因
・電磁波、化学物質が身体にもたらす様々な影響
・各種テスト法 （可動域テスト、筋力テスト、知覚テストなど）
・首肩から手先まで、腰、股関節から足先までの構造
※各種テストによって異常を発見した場合は医療機関を受診するよう依頼してください。

パルキュアソロジー施術を行う際に必要な各種テスト

首 可動域テスト（屈曲、伸展、回旋）、ジャクソン、スパーリングテスト

肩 可動域テスト（外転、水平屈曲、水平伸展、結帯、結髪動作）、ドロップアームサイン

手 手首及び指 握力、知覚テスト 各指ごと（特に爪の色、皮膚の色、温度、指の動きを注意深く観察すること。）、圧痛テスト

腰　腰部椎間板ヘルニア、脊柱管狭窄症の各種テスト、前脛骨筋、長母趾伸筋の筋力テスト、知覚テスト、腸腰筋の筋力テスト
＊腰痛のある人は腹筋、腹圧の低下を起こしていることが多い。

股関節　ＳＬＲテスト、パトリックテスト、逆パトリックテスト、屈曲つまりテスト

膝　各種ストレステスト（前方引き出し、後方押し込みテスト、マックマレーテスト）

足　各種ストレステスト、筋力テスト、知覚テスト

パルキュアソロジーの技術について

パルキュアソロジスト（パルキュアソロジー施術者）は、身体の各部分に適切な施術ができるよう、日々技術の向上に努めています。

また、パルキュアソロジストは、施術時の姿勢に気を付け、しっかりとした心構え、考え方を持って行動することが大事です。

施術にあたり、施術前後の筋力テストを必ず行い、ＰＩＰを適切に緩めます。

手の筋緊張が身体の不調を引き起こすメカニズム

タイピングやピアノの演奏、その他さまざまな状況で手を使いすぎると、手を動かす筋肉が緊張し、疲労が蓄積します。

肘から先の筋肉の緊張や疲労の蓄積は、自覚が出づらいという特徴があります。

これは手に痛みや疲労などの自覚が出ると、手が使えなくなってしまうからではないかと推測されます。

トレーニングやゴルフなどで**手を強く握りこみ過ぎること**で、身体は重い物を持ったと錯覚し、肩や腕の筋肉が緊張してしまうのです。

手や前腕の筋肉に自覚のない凝り（ＰＩＰ）が生じると、この凝りは脳にストレスとして伝わり、首肩のコリや肩の痛み、自律神経の不調を引き起こす要因となります。

手の握り込みは、腕や肩の筋緊張につながり、結果として関節可動域の低下につながります。

また、ゴルフなどの競技では、肩の関節可動域の低下により、無理に腰をひねることになるため、**腰痛を引き起こす要因となる**と考えられます。

＊目や耳、鼻や舌と同様に、手には感覚をつかさどる様々なセンサーがあります。温かい、冷たいが分かる温冷覚、つるつる、ざらざらが分かる触覚、チクチクや押された感覚が分かる圧痛覚などがあげられます。

固有受容器（メカノレセプター）の働き

固有受容器は手や足裏などに多く存在し、圧力や張力を感知し、その情報を脳に伝えることで、姿勢のコントロールなどを行っています。

パルキュアソロジーの基本テクニックを行う身体の部位

手背、足背　特に肘から先、膝から下に対しておこないます。

＊パルキュアソロジー®は、トリガーポイント療法や筋膜リリース、東洋医学的なツボ刺激とは異なる独自の考え方です。

あなたも達人になれる！？パルキュアソロジーで考える脱力の極意

手を強く握ると、前腕、上腕、肩の周囲および背中や腰の筋肉に力が入り、身体は緊張してしまいます。

スポーツなどでも脱力の重要性が説かれており、スポーツ指導者などから、口酸っぱく肩の力を抜きなさいという指導がなされていますが、手を思いきり握った状態では全身に力が入り、肩の力を抜くことができません。

実は手の握り込みを軽くしなさいと指導する事が脱力の極意なのです。

ゴルフなどでは、**ヒヨコを握るくらいの力でクラブを握りなさい**という指導を行なっていますが、これは軽い力でというイメージさせるためです。

パルキュアソロジーで開運！？

肩こり、腰痛を解消し、気の滞りを良くする

肩に痛み、不調がある際は、肩だけでなく指先、手首等の動きに問題がないかを確

認します。

パルキュアソロジーでは、指先、手の甲、手のひら、手首にあるPIPをゆるめ、肩の動きを改善させます。手のひらを上に向ける動作（回外）がしづらいと、肘、肩の動きや身体を横に倒したりして、無理にその動作を行おうとするため、肘や肩、腰に無理な力が加わり、腰痛が発生します。施術の際は強い押圧をすると痛みを伴うため、**クリーム等を用いて、丁寧に緩めることが大切です。**

＊パルキュアソロジーでは**生体エネルギー**という特殊な技術によりエネルギー性を高めたスポーツボディークリームを採用しています。

巻肩、猫背をなおして姿勢が良くなるとインスピレーションが高まる

パソコンなどのタイピングの際、両手は手のひらが下になる動き（回内）のポジションとなります。この状態では、前腕にある二本の骨（橈骨と尺骨）は、ねじれるように交差します。上腕骨は内側にねじれ、肩の巻込が起ります。

また、ノートパソコンなどキーボードが狭いことも、肩幅を狭めさせ、巻肩、猫背の要因となってしまいます。

パルキュアソロジーで手のコリを緩め、巻肩や猫背を治すことで、胸（胸郭）が拡がり、呼吸がしやすくなり、肺の酸素の取り込みが増えて、脳への血流が良くなることから、**脳のコンディションが良くなり、インスピレーション（直観力）が高まることが期待できます。**

腰痛を防ぐ、手と身体の使い方の秘訣

ゴルフ、野球、テニスなどのスポーツでは、手の使い方、脱力が重要です。

右手で打球を打つ場合、左手をうまく使いバランスを取ることを意識して行います。腰（腰椎）は骨格の構造上、ひねる動きには対応していないため、腕でバランスをとっています。腰はひねらずに体幹を面（壁のようなイメージ）で、とらえて軸のように使うと、腰痛のリスクを大幅に減らすことができます。

腰痛の改善のセルフケアには、おなか回り（腹筋、背筋）の強化、お尻の筋肉、足の強化、腹横筋を鍛える、腹式呼吸で横隔膜を鍛える、胃、腸の筋肉を緩めるなどを意識するとよいでしょう。

＊トレーニング、セルフケアは自己判断ではなく専門家による指導を受けることをお勧めします。

パルキュアソロジーが推奨する健康のために心がけたい6つの習慣

1　姿勢を意識する　正しい姿勢は物理的ストレスを軽減させ、筋肉の緊張を和らげることで神経の伝達を良くします。

2　食事に気を付ける　食事の改善は、腸内環境を良くし、腸内細菌を増やすことで免疫機能を高めます。

3　睡眠の質を良くする　良い睡眠は脳を休ませ、悪玉タンパク質を洗い流す効果があります。

4　呼吸を意識する　呼吸を意識することで脳に酸素がいきわたり、脳機能が活性化します。

5　運動する　運動することで血流を良くし、全身に酸素をおくります。筋肉の強化につながり若返りホルモンを増やします。

6　笑顔で過ごす　笑いはセロトニンやドーパミンなどの幸せホルモンを増やします。

上記にあげた6つの習慣を意識することで、ストレスを軽減させ、自律神経、ホルモンバランスの改善、血行改善による酸素量アップにつながり、**病気の原因ともいわれる低体温が解消し**、健康な体を目指すことができます。

*ストレスについて

病気の原因の多くは「ストレス」が関係しているといわれています。カナダの生理学者であるハンス・セリエは、1930年半ばに、様々な病気の原因はストレスを引き起こす外部的要因（心理的、物理的、化学的、生物的ストレス）による自律神経系及びホルモンバランスの乱れであると考えました。これをストレス学説といいます。

現代社会では、学校や職場における対人関係、金銭や健康への不安などの精神的なストレス、ケガや病気による体の痛みなどの物理的なストレスも大きな問題となっています。

軽度なストレスは適度な緊張を生み、精神的、肉体的にも良いのですが、大きなストレスや軽度であっても継続的にかかるストレスは、自律神経のアンバランスを引き起こしたり、体に有害な悪玉活性酸素を発生させたりするため、**ガンや心筋梗塞、脳**

梗塞、糖尿病、うつ病などの病気の根本原因となることが明らかになってきました。
まずは生活習慣の乱れを改善することが健康な生活を送る第一歩と言えるでしょう。

セルフでできるパルキュアソロジー

（1）**手を温める**　洗面器等にお湯を張り、両手をつけて5分ほど温める。温度は人が心地よいと感じる**39度から42度くらい**が理想的。お湯の中には、筋肉の疲れを取り、コリを緩める効果が期待できる**エプソムソルト（硫化マグネシウム）**の温浴剤を入れてもよい。

（2）**手指のストレッチを行う**　手の指のストレッチを行うことで、伸びずらい箇所、痛みのある場所をチェックすることができる。

（3）**パルキュアソロジーを行う**　親指などを用いて、手の筋肉のコリ固まった箇所を念入りに緩めていく。特に手の甲の骨と骨の間や、手のひら側の指の付け根付近に筋肉のコリが出やすい。施術の際は、こするような刺激を加えると皮膚を傷めてしまうので、クリームなどを用いる。

＊ＰＩＰを緩める際は、強く押しすぎない、施術を受ける方の訴える痛みに細心の注意を払いましょう。
＊知覚の麻痺がある場合は行わないようにしましょう。

手指の筋肉を緩めることによって、リラックス効果によるストレスの緩和、脳血流の向上、皮膚への刺激を使った反射作用（これは反射療法とも呼ばれ、東洋医学ではツボというポイントを刺激することで身体の別の部分や自律神経、内臓機能の改善を目的としたアプローチ）、首肩の筋肉がゆるむなどの効果が期待できる。

運を好転させるために私が取り入れていること

吉方位旅行をする

祐気取り（お水取り）に行く。九星気学に基づいて自分の運勢で一番良い時期に（年、月、日、時間）方位方角を調べて、その土地の気をいただくのが吉方位旅行です。その際には現地の神社仏閣などでお水をいただいたり、その土地の食べ物をたべる、温泉に浸かるなどして、積極的にエネルギーをいただくと良いでしょう。丸井先生は3泊4日以上の祐気取り旅行を推奨されているので、先生の著書を参考に実践される事をお勧めしています。

大地とつながる

現代人は様々な電磁波に触れる機会が多いので、週に一回ほどは靴を脱ぎ、裸足で地面に接する事で身体に帯びた電気を逃がすことが大切です。

大きな木に触れる

何百年と生きてきた木は、とても大きな素晴らしいエネルギーに満ちています。木のエネルギーをいただくために、素手で木の幹に両手で触れ、ゆっくりと呼吸し、心を整えましょう。場所によっては直接触れてはいけません等と注意書きがされている場合があるので気を付けてください

神棚をお祀りする

職場や家に神棚を設置し、毎月1日と15日には、酒、米、塩、水、お榊などを替えます。様々なやり方があるのですが、言霊を意識して祝詞を奏上することで日々受けている穢れ（けがれ）をはらい、清々しい気持ちで日々を過ごす事ができます。神棚をお祀りしたり、神社に参拝する時は、夜0時以降、精進（肉魚を食べない、酒は飲まない、性生活を控える）の状態で、白い服を着て臨む事が好ましいとされています。

隕石コーティングをする

隕石コーティングは、特殊な技術で、とても貴重な隕石をナノ粒子化した溶液を使用して、身近に使っているものをコーティングしてしまう技術です。普段自分が使っているスマホや眼鏡を隕石コーティングしてもらったところ、その瞬間から直観力の高まりを感じました。

短期間で運を良くしたい、インスピレーションを高めたいという人におすすめの技術です。私と丸井先生との出会いは、隕石コーティングの白井社長からのご紹介でした。素晴らしいご縁に感謝いたします。隕石コーティングによる奇跡的、運命的な引き寄せですね。

整理整頓、掃除をする

物が雑多に散らかった空間を目にすると情報量の多さから疲れてしまいます。整理整頓された空間を意識することで日々の疲れを癒す効果が期待できます。

海に行く

私が休みの日に一人で行くこともある好きな海の一つが、神奈川県にある大磯海岸です。

日本で最初の海水浴は、明治時代に当時の陸軍の軍医総監であった松本順が大磯の海で始めたと言われています。大磯は伊藤博文や吉田茂など歴代総理大臣経験者が、自宅や別邸を設けた自然豊かな素晴らしい場所です。当時の海水浴は今のようなレジャーではなく、皮膚疾患や呼吸器系の疾患などの改善に良いとされていました。

海水は太陽の光と反応してオゾンを作り、肺や気管支に問題がある人が療養するサナトリウムが、自然豊かな海の近くに造られたのも、こういった理由が関係しています。あなたも、お気に入りの海を見つけて足を運んでみましょう。

太陽の光を浴びる

日の出から正午までの太陽の光を浴びることで、エネルギーをチャージします。午後からの太陽はエネルギー性が下がり、建物などを劣化させるといわれており、西玄関の店は繁盛しない。と言われているのもこういった考え方からくるものではないでしょうか。

適度な日光浴は睡眠に大きく関係する脳の松果体という場所で作られるメラトニンというホルモンの産生につながり、日々の睡眠の質を高めることができます。

日光を浴びると骨の成長に関係するビタミンDが合成され、カルシウムの吸収を高めるため骨が強くなることも医学的に解明されています。

前向きなエネルギーの人と流行っているお店で食事する

明るく前向きな人と会い、お話をするとポジティブなエネルギーをいただくことができます。流行っているお店で美味しい食事をいただくこともポイント。

食べ物が体を作る

脳の安らぎにはセロトニンというホルモンが、とても重要な役割を果たしていると言う事が最近の研究でわかってきました。

セロトニンは腸内細菌により作られますが、保存料などの食品添加物は食中毒に関係する悪い菌を抑える一方で、良い菌の働きにも影響してしまうのです。

インスタント、レトルト食品を摂りすぎないことが大切です。

発酵食品（味噌、糠漬け、納豆、キムチ、ザワークラウトなど）、ミネラルを摂取する。（煮干しなどを粉末にしたもの）。

普段とる食事は、極力添加物の入った食品を避け、塩、味噌、醤油、みりん、酒など日本に昔から伝わる伝統的な調味料を使う。最近ではタンパク質を多く、炭水化物を少なくといった欧米式の食事法が主流ですが、米（玄米がオススメ）、味噌汁、小魚（メザシなど丸ごと食べられる）、健康な環境で育った平飼いの鶏からとれた卵、納豆、健康の土から作られた野菜など和食をベースにした食生活も意識して取り入れていきましょう。

腸内環境を良くするために玄米が良いですが、玄米を発酵させた手軽にとれる**玄米酵素というサプリメント**もオススメです。

お酒を楽しむ

仲間と飲むお酒はリラックスして話も弾み、とても良いものです。

しかし、ついつい飲み過ぎてしまうと、大切な睡眠が浅くなり疲れも取れづらくなってしまいます。

パフォーマンスを高めて運気を良くするためには、酒量はほどほどにして、美味しいお酒とご飯を楽しみましょう。

飲むお酒は、質の良いお酒を嗜む程度にゆっくりと飲むことを意識します。日本酒は穢れを祓い清める効果もあります。

旬のものをたべる

季節ごとの旬の食べ物はエネルギー性が高いため、昔から高いお金を払ってでも食べると良いと言われていたことから、先人もその重要性がわかっていた事がうかがえる。

春の野草、夏のうなぎなど、目で楽しみ、かおりや味を楽しんできた日本の文化を改めて見直したいですね。

ダイエットする

ダイエットをする事で身体がシャープになると体調が良くなり、脳の機能も高まるので、前向きな思考になります。

五感に良い情報を取り入れる

自然豊かな景色の良い場所（山、海、川など）に行く。美術館巡りをする。神社、お寺に訪れる。音楽の演奏会などで良い音を聴く。好きなアロマや花の香りを楽しむ。居心地の良い店で美味しい料理をいただく。ペットとのスキンシップを行うなど。

五感に対して良い刺激を入れる事を意識して行いましょう。

パルキュアソロジーでは、心地の良い空間、耳に優しい音楽、気持ちをリラックスさせるアロマなどの香り、心休まる美味しいお茶、専用のスポーツクリームを用いた施術など、五感へのアプローチを特に大切にしています。

運動する

運動とは漢字で運を動かすと書きます。

身体を動かす事で、血流が良くなり筋肉や骨も強化される事が医学的にも証明されています。

若返りのホルモンと呼ばれる成長ホルモンの分泌も促進され、気持ちも明るく前向きになります。みずから積極的に動く事で運を動かし、新しい出会い、良縁を引き寄せましょう。

歩く

ふくらはぎは第二の心臓と呼ばれています。

歩いてふくらはぎの筋肉を使うことは血行を良くして心臓の負担も軽減させます。

地面から足への刺激は骨を鍛え、脳の活性化にも繋がり、クルマに乗って移動している時には気づかないような街の変化を感じる事もできます。

笑顔で過ごす

笑顔をこころがける。明るい声で気持ちの良い挨拶を心がける。明るい声のトーンを意識する。大きな声を意識する。相手の話を積極的な態度で聞く。笑顔で過ごすことは、気持ちを明るくし相手に良い印象を与えます。

パルキュアソロジー体験談　（多くの方々から喜びの声を頂いております）

・長引く五十肩の痛みに苦しんでいたのですが、もっと早くうかがえばよかったと思いました。痛む部位に直接触れないのに、手や足を調整して頂き、とても楽になりました。（50歳代　女性）

・体の軽さが当日だけでなく、一週間たっても続いていることに感動しています。

（40歳代　女性）

・主訴に対して、痛む部位だけでなく全体的なアプローチをしていただけるので、安心して相談できます。施術の痛みはありますが、もみ返しはなく、むしろ悪い部分を再認識することができました。いつも有難うございます。（50歳　男性）

・行くたびに丁寧な説明、施術をしていただいております。どこに行っても良くならなかった肩こり、腰痛が良くなり定期的に通っております。（30歳代　女性）

・触れるところがすべてツボというくらい指の感覚が研ぎ澄まされている先生です。（50歳代　女性）

パルキュアソロジーの考え方

パルキュアソロジーで世界が変わる
パルキュアソロジーで世界を変える

パルキュアソロジーで健康の常識が変わる
パルキュアソロジーで健康の常識を変える
パルキュアソロジーで身体の概念が変わる
パルキュアソロジーで身体の概念を変える

最後にパルキュアソロジーの考え方を掲載しました。まさに健康の概念、健康の常識がこのパルキュアソロジーで変わっていくと思います。

このようにパルキュアソロジーは人類の長い歴史の中で最も新しい治療法のひとつで、その効果は目を見張るものがあります。

人が、健康で幸せに過ごせるのは本当に素晴らしいことだと思います。

そのために、このパルキュアソロジーがもしもあなたの痛みや健康改善に寄与することが出来る機会があれば、私も嬉しいです。読者の皆様といつかお会いできる日を楽しみにしています。パルキュアソロジーであなたの世界も変わりますように。

【著者紹介】　金山　富英

１９７４年東京豊島区生まれ。

城北埼玉高校、日本柔整専門学校（現　日本体育大学医療専門学校）卒。

１９９６年、アメリカ　カルフォルニア州ロサンゼルスにわたり、ヒクソン・グレーシーよりグレイシー柔術を学ぶ。帰国後はオリンピックナショナルチームの帯同も行う大手スポーツマッサージ会社での勤務、柔道金メダリストの専属トレーナーを経験。

２００３年より世界最大のスポーツクラブチェーンであるGOLD 'S GYM内にTotal Body Conditioning SAMURAIを開設。

・パルキュアソロジー®創始者。厚生労働大臣認定　柔道整復師。ＮＰＯ法人　先端医療福祉開発研究会　副会長。一般社団法人　日本環境保健機構認定　環境アレルギーアドバイザー、シックハウス診断士。環境アレルギーアドバイザー支援ネットワークさいたま中央支部長。シックハウス診断士協会　関東支部長。柔道2段。グレイシー柔術青帯。

●トレーナー実績

Ｋ－１選手　ピーター・アーツ、サム・グレコ、マイク・ベルナルドなど

ＵＦＣファイター　マーク・ハント、クリスティアーノ・マルセロ（ヴァンダレイ・シウバ　柔術コーチ）、2022 RIZIN 40 AJマッキー（米国）

キックボクシングＷＢＣムエタイ世界ヘビー級チャンピオン　ファビアーノ・サイクロン（専属トレーナー）

２００８年北京五輪　水泳バタフライ　スウェーデン代表テレス・アルサマー（世界記録保持者）

Ｑｕｅｅｎ　ブライアン・メイ（ギター）、ロジャー・テイラー（ドラム）

フラメンコダンサー　イスラエル・ガルバン（スペイン）

●競技選手　トレーナー施術実績

ボディービルダー、サッカーJリーグ選手、大相撲力士、競輪選手、競艇選手、プロレスラー、柔道選手、レスリング選手、K—1、総合格闘技 パンクラス、RIZIN等その他多数

●トレーナー帯同

日中国交正常化50周年 東京タワーレッドライトアップ2022
出演アーティストのケア
東京マラソンEXPO2023、SPORTEC2023、その他多数

●講演会実績

NPO先端医療福祉開発研究会 講演会、自律神経の乱れとその改善方法について
「不良姿勢（スマホ首）が自律神経にもたらす影響とその改善方法」他 多数

●メディア掲載・取材

２０１９年９月　読売新聞　＠オフィス「グレイシー柔術で施術向上」
２０１９年～　保健産業事報　コラム「ホッ！！と　ひと息　ティータイム」「自律神経を整える⑤手のコリを緩める」「腹圧を高めることで得られる効用」「反復する外力が腰痛を引き起こすメカニズム」他　多数
２０２１年　サンスポ「手のコリに着目した絶叫系整体！？」
２０２１年　東京ドルトン学園「職場訪問ラボ」
＊各種メディア、ＴＶ、雑誌等の取材も受け付けております。ご相談ください。

参考文献

「手と脳」　久保田競　著　（紀伊國屋出版）
「触れることの科学」　デイビット・Ｊ・リンデン　著　（河出文庫）
「ボディナビゲーション」　アンドリュー・ビエル　著（医道の日本社）
「クリニカルマッサージ」　James　H Clay　著　（医道の日本社）

「筋骨格系検査法」 J・Gross 他著 （医歯薬出版）

「系統別治療手技の展開」 藤縄 理 共著 （協同医書出版社）

「歩くこと・足そして靴」 清水昌一 著 （風涛社）

「図解 四肢と脊椎の診かた」 スタンレイ・ホッペンフィールド 著 （医歯薬出版）

連絡先 埼玉県さいたま市中央区新都心8番地 さいたまスーパーアリーナ6F

TOTAL BODY CONDITIONING SAMURAI

【公式HP】

秘鍵7

光の存在たちのメッセージ
『自己信頼と成長の鍵』

Eleven MISAKO

初めまして！！魂の望む現実創造するためのサポーター、ヒーリングアーティスト
Ｅｌｅｖｅｎ ＭＩＳＡＫＯです。

10年間、全国でコズミックエナジーアート展という個展を開催してきました。

また、神様やマスター光の存在たちと共にセッションやコンサルを行っています。

この本では私の身に起きたこと、そして目に見えない世界、光の存在たちのことを少しでも知って頂き、ご自身の望む現実を創造して頂きたいと思います。


今地球は大きな転換点を迎えています。私たち人生の転換点でもあり、地球そして宇宙全体の転換点でもあるのです。

一部全体、全体一部で全てつながっています。私たちの見ているものは良くも悪くも違う空間で同じことが起こっているということです。

今の地球の現状では皆さん信じられないかもしれないけれど、人類はまさに今究極の変化を迎えているのです。

それは何となく人との関わりの中ですでに感じている方がいらっしゃるのではないでしょうか？

今までは競争社会の男性性のエネルギーだった世の中でしたが、これからは女性性の時代でもあり愛と調和の時代になります。

そして、これまでの常識が非常識になりこれまでの非常識が常識になって来るかと思います。


ここで少し私のお話をさせて頂きますね。

小さい頃から私は元々、直感力があったり不思議な体験をしていました。

祖母が霊能力がある方ではあり、私も幼い頃から人には感じないものを感じたりはしていました。時に見えることもありましたが誰にも言えなかったんです。

どこか自分はどこか違うのかな？って思ったこともありました。


小学低学年の頃に私には見えていたウサギがいたんですが、それを友達に言うと嘘つき呼ばわりされてしまったんです。それ以降は何も言わなくなり蓋をしてしまいました。

それから数年たち中学生の頃、部屋で寝ていた時、窓から眩い光が差し込んできたんです。「うわ！何だろう」と思って、窓に近づくと気付けば宇宙船の中にいました。
一瞬にして移動してたんです。
ちなみに肉体は地上にあり意識体で宇宙船に移動しています。
女神様のような美しい方やちょっと人間ではない姿の方などがいらっしゃって私に
『これから頑張ってね。大丈夫！あなたなら大丈夫』
そう言われたことをこの出来事から7年後に私は思い出すのです。

それから私は波瀾万丈な日々を過ごしてました。いろんな経験をさせてもらいました。色々なことがある中、友達と遊びで始めたタロットカードが当たる当たると口コミで広がっていったんです。

なぜか分からないけれど、カードから言葉が聞こえるというかスラスラと言葉が出てくるんですね。

それがちょっと怖くなって自分のこの不思議な力についていけなくてタロットは封印したのです。ですが、このことがきっかけで私は自分のこの不思議な能力に興味を持つようになりました。

それはある日突然に・・・。

忘れもしない２００８年の初夢。とても神秘的な不思議な夢を見ました。

黄金の宮殿が目の前に現れそれはそれは眩い美しい光を放った宮殿です。夢の中で隣にいた女の子の顔がだんだん小さくなり、光の玉となって私に伝えたんです。

「本来、私たちは愛と光なのよ」そう言って黄金の宮殿に戻って行きました。

その年の5月25日、私は衝撃的な出逢い（私の唯一無二の心から愛するメンター）によって目に見えない光の存在たちとコンタクトを少しずつ取り始めることになるのです。

私はこの時本当に衝撃でした。

本の中の世界、映画の中の世界と思っていた世界が本当に存在したのですから！たくさんの光の存在たちと話をさせて頂きました。

本当に目の見えない世界はあるのです。

光の存在たち（神様やマスター。龍神様、ドラゴン、エンジェル、ユニコーン、ペガサスなど）は私たちの周りにいらっしゃいます。

特に日本には沢山の龍神様たちがいらっしゃいます、龍神様はここのところ多くなっているように感じます。（ちなみに神様たちって海からやってきて山から戻られるそうですよ。）

龍神様や龍たちと繋がりたい方は海に行ってみてください。龍が卵から生まれてくるのが見えたり感じたりします。

日本の神様は至る所にいらっしゃったりします。さすが八百万の神と言われるだけあるなと思います。

目に見えないけれど、地球のために様々な念を浄化してくれている存在たちもいらっしゃるのです。

余談ではあるのですが私は神社によく行きます。その時には神社には感謝の気持ちを伝えに行きます。感謝の想いを置きに行って、神様はそれを食べて次の仕事に行かれています。そして大きくなってまたエネルギーを合体する―その循環なのです。

神社に行かれる時は是非、感謝の気持ちをお伝えください。神様はとても喜ばれ、その想いが私たち自身にもそして、世の中にもエネルギーが大きくなって循環していくのです。

私が瞑想していた時、宇宙から日本を見たんです。すると、黒い煙があちこちに見えました。「なんだろう？」と思ってよく見ると神社が見えてきたのです。

黒い煙は人間の邪念。その念を神様たちは浄化して下さっているのです。

この地球のためにたくさんの光の存在たちがやってきています。そして私たちのために色々なサポートをしてくれているのです。

メンターを通しての光の存在たちとのコンタクトは、最初は光の存在たちがなんて言ってるのかよく分からなくてエネルギーだけを感じていました。

宇宙語をお話ししてきたりするのです。

もう凄すぎて圧倒されたのですが、はっきり見えるわけではなくて、ただ、その存在を感じてました。

そして私の体の中に光の存在たちが入ってきてヒーリングをできるようにして頂きました。

この辺りの話はこんな世界もあるんだなぁと思って読んでください。

この時の私はとてもワクワクしていました。思えば幼い頃から、ずーーーっと待ち望んでいたことでした。

目に見えない世界に触れた私はとても希望に溢れていたのです

その当時、人生のどん底と感じるほど辛かった私は、目に見えない世界に触れて神様やマスターたちとお話しして私の人生に光が差し込んでくれたー！てっきり、私の人生はこれからどんどん豊かになっていくんだ！！と希望に満ちていたのですが現実はそう甘くなかったのです。

むしろどんどん底の底にはさらに沼があったんだということに気づきました。いろんな出来事が次から次に舞い込んでくるんです。

宇宙から試されているかのようにこれでもかこれでもか！！って、どこまで自分を信じれるのか？問われているような感じでした。

光の存在たちに触れてコンタクトが取れるようになったからと言って楽に生きれるわけではなかったのです。この時の私は目に見えない世界に現実逃避しようとしてたんですね。

ただ、正直この頃は本当に起こっている現実から逃げたかったのです。

毎日が地獄と感じるほどでした。今思うと悲劇のヒロインになってました。

しかし、逃げ道がない！なのでもう正面から向き合ってやる！って覚悟を決めたんです。

そうすると、その度に必ず助けてくれる人が現れてくれました。

「決めること！自分がどうしたいか決めること！」

これによって様々なサポートが入ってきます。

光の存在たちは私たちの成長のためにいろんなことを仕向けてきます。

言い方が悪いですが、私は彼らはドＳではないかな？と思うのです（笑）

ただそれにも理由があったことに後から教えてもらいました。ですが、どんなに辛いと思ったとしても必ず乗り越えられる課題しか与えられないんです。

しかもその乗り越え方というのが、自分が思ってもなかった方法で乗り越えられるんですよ。

試練や課題と書くとあまり良い気はしないのですが、これらの出来事は全て自分の成長のためでもありそしてそれを乗り越えたら、自分が一回り成長し器が大きくなります。

このとき私が教えてもらったことは**「自分を信じる」**と言うことでした。

それは自分の中にある力を信じると言うことでもありました。

その力というのは乗り越えられるぞという強い気持ち、そして想いです。

絶対に幸せになるんだ！！っていう思いがありました。

それから私は自分を信じることそして信頼するということを教えてもらいました。

ちなみに皆さん「信頼」ってなんだと思いますか？

信頼って目に見えないものを信頼すること。

それは光の存在たち目に見えないものを信頼すること。必ずそうなるよ！って貴方の信頼する人や光の存在たちが言ったとします。

それでも、自分の心の中で本当？って疑いが出てくることはありませんか？

ここがポイントなんです。

『疑いの心はなるべく持たないこと。』

信頼とは結局は目に見えないものに対する信頼なのです。

目に見えないからこそ不安になりますよね。人はこの信頼と言う光を頼りに未来に向かって歩いていきます。

どう言う結果になるかは分からないけど、皆さんはきっと何かを信頼して行動していると思うのです。

常に自分は行くべきところに導かれていると信じること。自分の身に起こる出来事は全てベストなことだと信じること。

そこに向かって成長していることを信じること。これが『信じる』と言うことです。

そして、信頼するものとは『自分の未来を信じること』、『自分の中にある力を信じる事』、『自分の中からの声を信じる事』、『自分の信頼する人からの声を信じる事』。

そう、全ては自分で決めています。どんなことも全て自分が決めている。ということを覚えておいてください。

信じるものは全て自分の中にあります。貴方の中にあるのです。

極端な言い方をすれば、目に見えない人たちはあなたの中の目に見えないものに対する信じる力（信頼）を見ているのかも知れません。

どれだけ**自分の力**を信じられるのか?**自分という存在**を信じられるのか?を見ているのかもしれません。


そしてもう一つ大切なことは「**自己信頼**」です。

自分のことを信じられないのであれば自分のために与えることの出来るお金とエネルギーが枯渇してしまうそうなんです。


自分を信じるごとにその力というのが強くなる！。

自分というもの全てを信じるー。

自分というものが何でもできると常に信じるー。

何があったとしても。


例え目の前の失敗したとしてもそれでも諦めないという思いが大事。

何か失敗した時でもダメだな、ヤバイなって思った時も一瞬にして切り替える。


何かあったときは試されているのです。

これでもきちんと信じられますか？って試しが来るんです。


ただ単にトラブルが起きているわけではないんです。試されているのです。

信念があるかどうか見られています。マスターたちから宇宙から全部からです。その信念が強くなればなるほど、「次の段階に進みましょうかっ」て言って次の段階に進めるようにしてくれるんです。

何かあったときに口に出してもうダメじゃやって言ったら終わりです。

「うわぁ、もう大丈夫！」って言う。「大丈夫だー！」ってとにかく言葉を切り替えて言い換えることが大切です。

ダメって出した時点でアウト！落第。すごい厳しいんですよ。

言葉一つで全部変わる。自分がその時出した言葉一つで全て変わる。

言葉っていうのはものすごく大事でみんなが聞いています。

宇宙からマスターから神様からみんなが聞いてるから、ちょっとでも「ダメじゃんダメじゃん、ムカつくわ」って言った瞬間ダメになります。

「分かった。ダメならいいよ」ってなる。ダメって言いそうになったら「もうだーーいじょうぶ」って言うことです。

そういう感じで言葉を大事にしてください。この言葉というのは私たちが思っている以上に潜在意識にも影響を与えているのです。

このようにいろいろな経験をさせて頂きながら、私は光のお仕事を進んで行きました。

この私たちの住んでいる地球というのはエーテル界です。

エネルギーの周波数や振動数は全てエーテルで出来ているそうです。エーテルは何で出来ているかというと実は素粒子、光なんです。

全てのモノは分子の集まりでその分子は原子の集まりです。それを細かくしていうと素粒子になり自然界でいう物質の最小単位です。

私たち人間も素粒子で成り立つ光の存在なのです。

顕在意識、潜在意識という言葉を聞いたことがあるかと思います。意識というのは幸せを感じたり嫌だなと感じるのは意識があるから感じるんです。

そして、この意識というのが素粒子で出来ているんですね。そしてこの素粒子がそれぞれの周波数を放っているのです。

結果的に私たちが放つエネルギーが現実を創造しているのです。

人間として生まれてきた私たちは人間の自分とそして大いなる源とつながってる自

分が存在しています。

人間の私も大いなる源と繋がってる私も全て私ではあるのですが、人間的な意識と宇宙的な意識二つの意識が私たちの中にあるのです。

この人間的意識というのは「こうしなければならない・こうあるべき」という意識です。

そして宇宙的意識（宇宙やハイヤーセルフなど）は「何でもありの全肯定」なのです。

愛とはなんでしょうか？

自分の思う通りに生きてみてという愛。自分を自由に表現して良いということ＝自分への許可、許容です。

愛とは自分を愛することであり、そして愛とは無限の肯定です。

本来の私たちというの愛そのものでもあります。

ですのでまずは自分を愛するというのは、自分自身への無限の肯定なのです。

私は光のお仕事としてセッションやコンサル、そしてエネルギーアートを描いてます。これらは全て宇宙との共同作業のようなものです。

私自身が光のパイプとなり光の存在たちからのメッセージをお渡ししています。

高次元のマスターであったり、龍神様であったり女神様や大天使、エンジェルたちなどからのメッセージです。

私が行っているセッションは基本的にリーディングです。

お相手のエネルギーを読んで必要なメッセージをマスターにお願いして、それを伝えることを行っています。

また、コンサルについてはは筋を通してその方に必要な言葉ではなくて、その方にとってきついことでもいると思ったことを全て叩くところは叩いているものはきちんと置いて強化して要らないものは徹底的に削って行っていきます。

(ちなみに収入を増やしたい方はコンサルセッションがお勧めです。)

その方の軸を整えて宇宙と一体とする作業や龍神様だったりその方をサポートしている神様や高次元のマスターたちがセッション中はいろんな作業をされていらっしゃ

います。

例えば、ある時クライアントの頭からニョキって何か生えてきた！と思ったら、それは雑念の塊でそれを鬼が食べていました。面白いですよね（笑）

鬼って聞くとなんかジャキみたいな怖いイメージかもしれませんが、エンジェルと似てるんですよ。私の中で鬼は結構可愛くて金平糖をよく食べてるイメージなんです。

私が金平糖を食べると鬼たちはとても喜んで一緒に食べています

ある時はエンジェルたちがハートに刺さっていた矢を抜いて光を入れてたり、色々なことが行われているようなんです。

セッションを受けられた後は、自分の軸が宇宙としっかり繋がり、波動が変わっていて目の輝きが全然違います。

目はその方の魂が現れます。目を見れば全てが分かる人には分かります。

このセッションやコンサルを通して、光の存在たちの愛を感じ、またご自身が目に見えない世界の光の方々と繋がって愛や喜びを内から湧き上がらせあなたの大きな力を解放して本来の輝きを放って頂いて最高の人生を歩んで頂きたいと思っております。

このセッションの時私は全てを委ねています。

自分の意識は入れない＝自分を空にしなければなりません。セッションに来られる方は「人生を変えるために受けている。」と言われることもあります。

自分のためではなくその人のためのセッションということ。時には厳しいことも伝えなければならないのですが、最善のものをお相手様にお渡しすることが大切。

これが最初の頃はなかなか出来ませんでした。「こんなこと伝えていいのかな？」と考えてしまってたんです。

それって結局のところ、私が疑ってしまってたんですね。自分のことも光の存在たちのこともです。それはとても傲慢なことだと気づきました。

今ある最大の力を使って多くの人が心から幸せになるものに集中しようと決めた瞬間でもありました。

これは『自分を信じるチカラ』とも言えますが『自分ではないチカラ』というものがあり、このチカラがどんな時でも必ず最高のチカラで私たちの人生を全て最高のものへ導いてくれるのだと思います。

エネルギーアート
※エネルギーアートとは、魂のジュエリーのようなもので、心で感じることを大切にしています。エネルギーアートには、神様やマスター、エンジェル、龍神などの高次元の存在からのエネルギーが込められています。
それぞれが得意とするサポートが行われ、あなたの内なる神と繋がり、あなたが本来持っている可能性を引き出してくれます。

また、日常に取り入れることであなたの人生をより豊かにすることができます。ただ鑑賞するだけでなく、あなたの生活空間に飾って磁場調整を行うことで、より高い次元にアクセスし、自分の内側に眠る可能性を目覚めさせることができます。

潜在意識の書き換えやハイヤーセルフとの繋がりを強化し、より強力なサポートを受け取ることができます。

エネルギーアートを通して自分の望む現実を創造するためのアイデアやインスピレーションを得たり、自分自身や自分の魂の望みが湧き出てきて、それを実現するためのサポートを得ることもできます。

物質的な豊かさや成功につながるだけでなく、より深いレベルでの成長や変容を促すことが出来ます。


ある日突然降りてきたインスピレーションによって誕生したエネルギーアート。

セッションをする中でセッションを終えてからも、セッション後のエネルギー状態を維持し、さらに高めてるような何かサポートするようなモノって何かな？って思ったんです。

そうしたら「絵」というワードが降りてきました。

「絵？！」とそのとき私は思ったのですが、これは無視したらダメだと思い美大出身の友達に絵を描こうと思うことを伝えました。そうしたら、使ってないパステルがあるからあげるよ！と言われパステルを頂きました。

私自身「絵」に全く興味もなかったし、むしろデッサンなんて下手くそなのに何で「絵」なんだろう？？と不思議ではありました。

画材も決まったしと思い知人に何気なく絵を描こうと思ったら、パステル頂いたからパステルで絵を描こうと思ってると話すと何と知人が撮影で使っただけの木箱に入ったパステルがあるからあげるよ！と言ってくださり96色の木箱に入ったパステルを頂いたんです。

今度はどうやって描こう？？と悩んでたところ「指」とインスピレーションが降りてきました。

「指かぁ」と思って少し調べてみたんです。そうしたら描き方の技法が書いてあり早速試しに描いてみたんです。

するとなぜかスラスラとアートが描けるんです。遊び半分で始めたタロットで言葉がスラスラ出てくるようなそれに似た感覚でした。

それから楽しくて楽しくて一気に何枚も描いたんです。

エネルギーアートを描きながらこれはきっと世の中のためになるぞ！って根拠なき確信があったのです。

宇宙に後押しされたような感覚になりました。

それから色々なことがあり、本に紹介して頂いたりする中で光の存在たちが全力で応援してくれていることを体感しました。

エネルギーアートを描いてる時は半分自動書記のような感覚で描いています。

宇宙からエネルギーを降ろして描いてるのですが、龍神様と一緒に描いたり大天使たちがや神様たちと描くこともあります。

ただ、時々思考が働くんです。「綺麗に描いたほうがいい！もっと美しく描かなきゃ」とか「もっとこういうの描きたい！」とか様々と出てくるんです。

そうしたら「我」は大事だが、「絵を描く時は我を捨てなさい。」と言われました。

信頼して委ねること、自由に表現すること、感じるがままに思うがままに表現することは、魂を表現することでもあり、それが人々の心に響くものだと教えられました。

私はかれこれ10年、個展を全国で開催しています。

自分でいうものなんですがあんな素晴らしい宇宙エネルギー空間は世界中探してもなかなかないと思っています。

というより何より私自身が個展の空間が大好きでたまらないのです！！

個展は体感してもらうことが全てなのですが、心で感じること。心を感じることを何よりも大切にしています。

日常に追われてしまってついつい自分を後回しにしてしまったり、自分の心と向き合う時間ってなかなか取れなかったり、また自分の心の声に気付きにくかったりすると思うのです。

そんな時愛に満たされた空間の中で安心して自分の心を感じて頂きたいと思っています。愛と調和のエネルギーを体感できる空間と思っています。

個展の会場に入った途端に「わぁーー」と声を上げる方や涙を流される方もたくさんいらっしゃいます。

ずーっとこの空間にいたい、この空間に泊まりたいと言ってくださる方もいます。

そして個展の空間は時間の流れを感じません。ただ今しかないのです。

気づけばあっという間に時間が過ぎる日もあれば、時間が経ったと思ったら、実はそんなに経ってなかったりと時の流れを感じない空間になってます。

日常どれだけ時間に追われてたんだろうと気付かされる瞬間でもありました。

10年間やり続けているからこそ沢山のドラマを見てきました。

驚きと感動の連続でもありました。エネルギーアートにはそれぞれアートからのメッセージがあり来られる方皆さんアートから今必要なメッセージをしっかりとキャッチされていらっしゃいます。

またこのエネルギー空間にいることで本来の自分としっかり繋がり自分が思ってもなかった望みが湧き出てきたり、個展の空間で発した望みは叶うようになっているのです。

エネルギーアートを通してたくさんの光の存在たちがあなたに話しかけています。

なかなか本来の自分と繋がり安心感に包まれたような感覚って掴みにくかったりもしますが、個展の空間ではそれがすぐに体感できます。

今でこそ個展の素晴らしさを語ることができるのですが、ここまでくる道のりは少し険しかったです。

この10年間は魂の成長の歴史。やってみないと分からないことだらけでその度に反省し改善するところを改善してきました。悔しい思いや悲しいこと、個展をやるって決めるといろんな出来事が起こってくるんです。
それが子どもや愛犬に影響を与えることもあって個展をやりたいけどやるのが怖かったです。エネルギーの反動が凄かったのです。

高次元のエネルギーを降ろすには私自身の成長が不可欠だったんです。私の器ですね。そんなことを一つ一つ乗り越えて自分の器も大きくなり、それでやっと10年目にして個展のスタイルが完成したところです。

何を持って成功かはそれぞれの価値観ではあると思うのですが、しっかり宇宙と調和が取れたか？が私にとっての成功の基準なのです。

いつも私は「今回の個展が今までで一番最高！！」て言っています。本気でそう思っています。

その時その瞬間にしか出逢わない空間があって、その時に誕生するアートがあって個展をやるということは私にとって新しいアートとの出逢いでもあります。

どんなアートが誕生するかな？誕生した瞬間は歓喜に包み込まれ早くこの方（アート）を皆さんにお披露目したい！！って思うのです。

分かち合いたいんです。

だからこそこの先も個展をやり続けるのだと思います。

そして個展を通して沢山の方々と出会って、あの空間で喜びを分かち合うことがたまらなく幸せなのです。本当に心から感謝しています。


そして私たちには限界がないことを個展を通して教えてもらいました。

限界とは自分で決めているだけなのです。


挑戦することはとても勇気のいることです。

私も初めての個展の時は地元ではなく東京でほとんど知り合いもいない中での開催だったのです。しかし、その時出会った方々に支えて頂きました。


だから、あなたも挑戦してみてください。

光の存在たちは全力で応援してくれます！！

そして思ってもない沢山のギフトがやってきますよ。

私たちの中には軸があります。それぞれ皆さんにも軸というのがあるのです。この軸は宇宙と地球を繋ぐ軸です。頭から爪先まで一本の軸だと思ってください。宇宙と地球が自分の軸を通して一体となっています。

この『軸』というのは『自分が自分らしくいられる磁場』のようなものでもあります。この軸としっかり一体となっている時は安心感に包まれたような、ほっとするような感覚です。

感覚をじっくり感じて調和させることに意識を置く。今自分がどこにいるのか？素でいられる楽な感覚に自分を合わせ呼吸が楽なところ。これが軸でいう自分です。

軸とは本来の自分としっかり繋がっていること。
大きなる源ハイヤーセルフと一体となっているということでもあるかと思います。
ということはズレたら自分が自分じゃない感覚。作ってる自分、居心地が良くない、息苦しい、ソワソワするような感覚になります。

この軸こそ宇宙・神と繋がっているのです。

だから安心感包まれたような居心地の良い感覚になるのです。最初はこの軸も細いのですが自分らしく在ることでだんだん太くなってくるのです。

これが太くなればなるほど、望んだことが瞬時に叶っていくようになるのです。

全ては自分が中心であると言うこと。私たちの人生は自分が主役なんです。主人公なんです。光の存在たちはあくまで私たちのサポーターです。


今回の執筆は、楽しくもありこのような話が来たということは『宇宙があなたなら出来ますよ』ってことなので自分の可能性を信じて、そして宇宙に委ねて今この本を書いてます。（天照大神様と大天使ミカエルにサポートして頂きながらなんとか書くことができました。）また、今回このような機会を与えて頂いたマーキュリー出版の代表の丸井章夫さんに心から感謝しております。

この本を読む皆様が愛と光を放ち望みをどんどん形にしていかれ、健康でますます繁栄していきますように。感謝の気持ちを込めて。ＭＩＳＡＫＯ

【著者紹介】Ｅｌｅｖｅｎ　ＭＩＳＡＫＯ

アーティストヒーラーとして２０１２年より本格的に活動開始。

幼少期から直感力が優れ、軽い気持ちで始めたタロットリーディングが当たると全国に広がるが当たりすぎて怖くなり一度辞める。

その後、突然、光の世界の方々とコンタクトを取るようになり数々の不思議な体験をするようになり、光の世界の方々と共に行うセミナーやカードリーディングやスピリチュアルセッションを受けた方々の意識が開花され評判となり口コミで広まる。

胎内対話士でもありお腹の赤ちゃんからのメッセージもお伝えしている。

インスピレーションによりエネルギーアートを描き始める。非常識な医学書にエネルギーアートが紹介され病院などにも展示されている。

福岡を拠点に東京、大阪、北海道、熊本で11年間個展を開催している。２０２５年には海外で個展の開催が決まっている。

個展は心を感じる、心で感じることを大切にしており、体感型の個展で来られた多くの方々が涙を流したり不思議な感覚や不思議な体験をされ、空間にいるだけで癒されるととても評判であり、愛と調和に満たされた空間を創り出している。

また、その場で描き下ろすオリジナルアートセッションや音楽とコラボしたライブペイントも開催する。

魂の望みを現実創造するためのスピリチュアルセッションやアートセッション、セミナーのほかに新たな時代の生き方である望む未来を現実創造するための潜在意識プログラミング講座も行っている。

公式ホームページはこちらです。

超幸運になる７つの秘鍵
スピリチュアルを活用して最大吉を引き寄せる方法

2023年 12月1日　第１刷発行

著 者　スピ活研究会

発 行　マーキュリー出版
名古屋市中村区竹橋町28-5　シーズンコート名駅西603
TEL　052-715-8520　FAX　052-308-3250
https://mercurybooks.jp/

印 刷　モリモト印刷

ISBN 978-4-9913254-1-0